在故宫

万仞宫阙

我在故宫的探索之旅

王子林　著

译林出版社

图书在版编目（CIP）数据
万仞宫阙 ：我在故宫的探索之旅 / 王子林著.
南京 ：译林出版社，2025. 7. -- (在故宫). -- ISBN
978-7-5753-0816-8
Ⅰ. K87；G264.3
中国国家版本馆 CIP 数据核字第 20253V34B1 号

万仞宫阙：我在故宫的探索之旅　王子林 / 著

项目统筹　荆文翰
责任编辑　王　蕾
装帧设计　廖文韬
责任校对　张　萍
校　　对　戴小娥
责任印制　董　虎

出版发行　译林出版社
地　　址　南京市湖南路 1 号 A 楼
邮　　箱　yilin@yilin.com
网　　址　www.yilin.com
市场热线　025-86633278
排　　版　南京新华丰制版有限公司
印　　刷　苏州市越洋印刷有限公司
开　　本　890 毫米 ×1240 毫米　1/32
印　　张　8
版　　次　2025 年 7 月第 1 版
印　　次　2025 年 7 月第 1 次印刷
书　　号　ISBN 978-7-5753-0816-8
定　　价　79.00 元

总 序

故宫，曾经的“紫禁城”，明清两代的皇宫，建成于1420年，至今已有六百余年的历史。

作为世界文化遗产，故宫拥有世界上现存规模最大、保存最完整的古代宫殿建筑群，其独特的建筑遗存，是中国古代宫城发展史上现存的唯一实例和最高典范。故宫还拥有数量庞大的皇家旧藏，其时代涵盖新石器时代至近现代各个历史时期，这些藏品既反映中国明清时期的宫廷文化和典章制度，又展现中国古代艺术发展的历史脉络，见证了中华文明的源远流长。

基于优越的资源禀赋，为了保护文物免遭破坏，故宫博物院于1925年正式成立，被时人赞誉为“辛亥革命未竟之事业”。

生于变革时代，故宫博物院始终与国家命运、民族存亡休戚与共。它经历了北洋军阀临时政府执政下的四次改组，到国民政府北伐成功后有短暂发展，其间文物清点、古建修缮、展览陈列、库房修建、对外交流、出版传播等事业均渐次起步。“九·一八事变”爆发后，为保文物安全，故宫先辈们在1933年到1946年间，护送一万多箱国宝先后南迁华东、避地西南，行程数万公里。在极端艰苦的条件下，还开展多次国内外文物展览，谱写出一曲文化抗战的壮歌。

随着中华人民共和国的成立，故宫博物院揭开了新的历史篇章，各项工作陆续恢复并取得显著成绩。故宫博物院作为同时具备建筑、艺术、历史等特色的大型综合性博物馆，在国际公认的“原址保护”与“原状陈列”基本原则指导下，向公众展现悠久灿烂的中华文明。

新时代的故宫博物院进一步明确了办院指导思想，即“以习近平新时代中国特色社会主义思想为指导，深入落实保护第一、加强管理、挖掘价值、有效利用、让文物活起来的新时代文物工作要求，真实完整地保护并负责任地传承弘扬故宫承载的中华优秀传统文化，以平安故宫、学术故宫、数字故宫、活力故宫建设为支撑，将故宫博物院建成国际一流博物馆，世界文化遗产保护的典范，文化和旅游融合的引领者，文明交流互鉴的中华文化会客厅”。明确的历史使命、实现路径和愿景目标，进一步指引故宫博物院各项工作的可持续和高质量发展。

在故宫博物院的百年历程中，大批具有家国情怀、奉献精神、使命担当的专家学者汇聚于此，形成了故宫特有的典守精神和严谨的治学传统，也形成了故宫人积淀深厚的精神内核。

故宫人，是一支拥有矢志不渝家国情怀的践行者，是一众具有吃苦耐劳奉献精神的耕耘者，是一群坚持不懈接续奋斗的文化传承者。先行的故宫人筚路蓝缕、踽踽前行，在艰苦条件下赓续文脉；后继的故宫人满腔热忱、脚踏实地，面对新时代的机遇与挑战守正创新。一代又一代的故宫人执着守望、辛勤奉献，维护了故宫及其馆藏文物的真实性与完整性，推动了故宫博物院各项事业的持续发展，并深刻影响了近现代中国博物馆的发展历程。

当下，故宫博物院新成立的故宫学研究院与译林出版社合作推出的这套“在故宫”丛书，通过“故宫人讲故宫”，介绍故宫人的学术研究和工作日常，既体现故宫研究的重要成果和最新进展，也积极回应公众的好奇与关切，以亲历者极具现场感的讲述，传递故宫人的精神，也传播故宫承载的中华优秀传统文化。

在故宫，感受故宫人的坚守与执着。

在故宫，守护好故宫这份人类共同的文化遗产。

故宫博物院院长 王旭东

夫子之墙数仞，不得其门而入，不见宗庙之美、百官之富。

——《论语·子张第十九》

目 录

前 言

紫禁城所在的区域几乎是与元大内重合的，元大内部分建筑遗存和藏品被保存了下来，在某种程度上说，紫禁城是元、明、清三个大一统王朝的宫城。它是历史留下的文化遗产，在这个遗产里工作是人生的幸事，同时也赋予每一位工作者以责任。

本书是我在故宫从事文物整理、研究与展览工作的一个简略回顾，全书分为六章，第一章写的是我与故宫之缘，以 20 世纪 90 年代的故宫为背景，那段经历令人回味无穷，自是人生一段奇遇。第二章是讲七年的文物整理经历，虽历尽艰辛，但也有收获。第三章是说如何恢复故宫原状展陈的过程，恢复一座宫殿内的原状陈列，就好像走进了古代的生活场景，与古人有了心灵的交流。第四章、第五章是对我的研究成果的梳理，主要体现在两个方面：一是对元、明、清三个大一统王朝所承袭的正统文化的探索，基于对都城的布局和建筑名称的考证，探讨大一统王朝是如何最终成就了“居天下之广居，立天下之正位，行天下之大道”的理想的；二是对乾隆一生所追求的大舜理想的探索，也是对传统文化传承的探索，这种传承在乾隆身上有着更为总结性的深远影响。第六章讲述了我主持“照见天地心：中国书房的意与象”展览的过程，我们为此组建团队，遴选文物，考察了故宫遗存的清宫书房，经历了十二次大纲讨论，第一次将故宫藏品与当代艺术家的作品融为一体，呈现出一个全新的展览话语体系。本次展览通过书房这个小空间，将古代的文脉、修养、情怀、追求与当代艺术家对传统的阐释、思考进行深层次的对接，并提供一个开放交流的空间，让观众走入其中，感知文化的力量与脉动，启迪大家思考应当如何看待传统与当代、传承与创新。

我认识故宫是从整理宫廷原状宫殿库房文物开始的，经年累月受其浸润，不觉沉湎其中。那时的原状宫殿库房遍布故宫，大略可分为乾隆花园区、宁寿宫区、慈宁宫花园区、玄穹宝殿区、养心殿区、重华宫区、太子宫区、延庆殿区、雨花阁区、御花园区等区域里的宫殿等等。那时的原状陈列室有皇极殿、养性殿、乐寿堂、颐和轩、乾清宫、交泰殿、坤宁宫、太和殿、保和殿、养心殿、阅是楼等几十处原状宫殿，此外我们还管理着宫殿外的铜缸、铜路灯、各种铜器造型、山石等陈设文物。原状宫殿里的陈设文物种类多，涵盖面广。它们实际上是封存的时间，记录着过去的生活场景以及古人的喜好和追求。原状宫殿就像一片浩瀚的海洋，深不可测，宝藏兴焉，万物覆焉。

原状宫殿是故宫的一大特色，其室内装修陈设不仅体现了不同时代的工艺水平，也汇聚了不同时代的文化经典，是凝固的古代礼仪和记忆传承，是人们认知传统文化、感知传统文化的一个窗口。我的研究基于原状宫殿及原状文物的研究。每座宫殿都蕴藏着无限的探索空间，一件书画作品可能就是一段历史的传奇，一件器物可能就是一种工艺的革新，一间室内装修陈设样式可能就是一场欣赏观念的转变。当我行走于原状宫殿之中，琳琅满目的陈设，仿佛静止不动的时间，让我驻足阅读，一页一页地翻开历史的画卷，饱览沉睡已久的风景。

当我把一座一座宫殿联系在一起时，一个古老文化的场就出现了，《周礼》《礼记》《诗经》《尚书》是它的原叙述编码，是肯构之底法，这是藏在原状宫殿里的密码，也是藏在古老文化中的那束光。都城乃历史、文化命脉所系。我第一个提出，“仁”是都城的立城之道，故忽必烈建都燕京，建圆坻于皇城中心以象征周文王灵台；朱棣迁都北京，割文武而制异，坚守文武之道；清朝定鼎北京，改文成阁为体仁阁，武成阁为弘义阁，以仁义平治天下：三代一脉相承，显发精微，体天之道，弘扬仁义。清代乾隆帝抱蜀不言，竟克考成，是因为他从小立志像大舜那样“乐取于人以为善”，以圣人之心为心，宅己身于仁之中，以此仁以仁天下耳。

面对万仞宫阙，我想，“仁”应该就是打开这扇通往里面的大门的钥匙。

第一章

故宫之缘

元代蒲道源的诗《偶书》中有一句为“得句因新意,耽书是宿缘”,说自己沉浸于读书之中，把所有时间都耽误在读书上，没有任何后悔，因为这是前世的宿缘所决定了的，是没办法的事。每个人可能都有一个“缘”的存在，当你走过一段人生的漫长道路时，再回过头来看，其间发生的事，所遇到的人，也许就是一种缘。我进入故宫是一种缘，住在十三排是一种缘，从武备摊到宗教文物摊是一种缘，在宗教文物摊管理原状宫殿库房是一种缘，亲自参加了七年的文物整理是一种缘，主持了原状陈列是一种缘，在寿康宫拔草更是一种缘。

有了缘,才能安分于自己的职业,埋头做自己的事,因为缘分在此。

在雨中，第一次遇见故宫

1985 年 9 月，我进入北京大学读书，办理完新生入学手续后，听同学说王府井有家全国最大的新华书店，于是心想着什么时候到那去看看。记得那是一个周末，我坐上公共汽车到了王府井新华书店，这是我第一次在北京逛书店。书店一共有四层，里面什么书都有，让我大开眼界。在书架上，有一本《紫禁城宫殿》令人眼前一亮，但它不菲的价格使我望而却步。逛完书店后，我沿着长安街步行到了天安门。这时下起了小雨，天安门雾蒙蒙一片，我突发奇想，何不进故宫去看看呢？于是我进了天安门，穿过端门，“凹”字形的建筑午门便耸立在我的面前，深深地震撼了我。进入故宫，秋日雨香隐隐袭人。信步至太和殿广场，太和殿矗立在高高的台基上，超凌氛埃，摩空伟构，有高山仰止之感。我登上台阶，站在太和殿前的丹墀平台上，抬头望见太和殿匾，心想这就是太和殿啊！两重屋檐，黄色琉璃瓦泛着光亮。我来到太和殿屋檐下，看到太和殿粗大的红色柱子，至少两个人伸长手臂是合围不了的。殿内设有一座高高的须弥座，上面立着金色的由数条龙组成的髹漆大宝座，一龙的双爪攫攥二龙的龙身，昂首于宝座之巅，在高大的雕龙屏风衬托下，气势夺人。须弥座的两侧各矗立着三根顶天立地的盘龙金柱，一条巨龙绕柱腾空而起，仿佛飞升登天，让我震撼不已。黑黝黝的地砖透着光，好像深不见底的渊潭，这就是古代最重要的宫殿啊！我转过身来，突然觉得殿前的丹墀平台显得空旷辽阔，两侧的铜龟、铜鹤向天昂头伸着脖子，似乎在期待什么。我站在中轴线上，视线能穿过前面的大门，看到午门，乃至更远的门。我转身向后走，信步来到保和殿后，放眼望去，宫殿层层叠叠，巍峨壮观，宫城后耸立着一座大山，山色如黛，雨雾溟蒙，好似一幅烟雨宫城图，长望移时，令我眼触成迷，不觉雨侵衣袂，更沁入心田。

我下了三大殿台基，漫无目的地游走在永巷之间，红色的墙因雨

太和殿

水的湿润呈现出深浅不同的色调，黄色的瓦则显得更加明丽，门上的铜钉也泛溢着青光，屋檐下的彩画色彩斑斓，为建筑涂抹上了一笔浓厚的彩妆，好像雨后的彩霞。还有身旁的玻璃罩路灯、铜缸和石座上永远蹲着的铜狮，都让我兴奋不已。走着走着就进了珍宝馆，它不是一处展示珍宝的封闭式展馆，而是一座庞大的宫殿建筑群组成的展示空间，原来它的名字叫宁寿宫，即乾隆修建的太上皇宫。进入宫殿，展柜里的珍宝琳琅满目，让我流连忘返，目不暇接。如此近距离的感受，是我从未有过的。在欣赏珍宝的同时，还可欣赏屋顶的天花、藻井，阅读墙上悬挂的匾额和对联，虽然那些文字的含义，我确实一窍不通，但这并不妨碍我对古代建筑及室内陈设的欣赏。进入衍祺门，曲径通幽，里面是一座花园，亭台楼阁，山石耸立，巍峨逶迤，穿幽透深，古树苍藤，林木蓊郁。寓景万方，会心斯远。漫步其间，更觉睫间幽宽，幽情耿耿撩人，真想寄兴其间，放怀闲逸。

秋天的雨淅淅沥沥飘落在屋顶上、台基上、地面上，盛开出一朵朵不易察觉的水花，此时，雨却有了些缠绵，风一吹便贴在了我的脸上。漫步在这样的雨天中观景，确实别有一番滋味，远超色境胜地。进入乐寿堂，各种玉器展示令人眼花缭乱。巨大的大禹治水玉山，就像一座纪念碑一样，记录着大禹治水的功业。从乐寿堂到颐和轩，珍品展示引人入胜，颐和轩连着廊，穿过月亮门，沿着一座建筑的后窗檐，进入一段连廊，连廊的东西各有一个院子，西院子北座宫殿名“倦勤斋”，不知何意，透过被木条格封起来的走廊，能看见依山而建的竹香馆和前面的一道石墙，里面应该也是一座花园。东院子是一个小院，靠东北墙角是一丛竹林，我走上台阶，便是一座大门出口，站在门里，望着门外飘舞的雨，好似天女的丝带在眼前拂动，天籁之音，一清俗耳，觉得此刻特别地美。我走了出来，想看看这座门叫什么，回头一瞥，“贞顺门”三个金字映入我的眼帘，此刻心里突然冒出了一个想法，我要是能在故宫工作该有多好！

在故宫里的迷茫岁月

临近毕业，大家忙碌了起来，同学们忙着联系工作，老师也在为大家四处求职找关系。听同学说，他去过国家文物局找工作。我按照同学的提示，坐上公共汽车到了沙滩红楼，这里就是国家文物局。那时看大门的师傅根本就不管进进出出的人。我拿着档案袋，进入楼里，推开了博物馆司，说明来意，希望能到文物局工作，随即递上了学校老师的推荐信和我的个人简历。接待我的是一位中年男子，他委婉地告诉我，今年文物局没有名额，不招人了，并把档案退给了我。我出了红楼大门，不远处便是 103 路公共汽车站，打算坐车回学校。上了车，坐在靠西边窗户的座位上，车缓慢启动，我看见了故宫的角楼，以及倒映在护城河中的美丽倩影，斑驳凹凸的砖墙更衬托出它的华丽与壮美，我一直盯着它看。这时广播里说“故宫站到了”，我回过神来，“何不到故宫试试”？于是我下了车，向故宫走去，远远地就能看到“故宫博物院”五个大字，那是四川老乡、考古学家郭沫若的字体，我想起我报大学志愿时，就是因为崇拜郭沫若，才选择了北大考古系。到了“故宫博物院”五个大字匾的门下，我向门卫说明了找工作的来意，好心的门卫师傅二话没说，就让我进了故宫，并给我指明了去人事处的方向。

我推开了人事处的办公室大门，接待我的人看了看我的档案，让我回学校等通知。我不知能否成为故宫员工中的一员，没有心情在故宫里逛，便出了大门，径直坐车回学校了。

不久，学校通知我，故宫录取我了。

一同到故宫工作的同班同学还有王光尧和祖世龙。一天，人事处的两位工作人员乘坐一辆面包车到了学校，说是来接我们到故宫的，当然祖世龙不在接的名单中，因为他是北京人，没有给他解决集体宿舍。我们把铺盖卷、书等放到车里，就离开了老师，离开了学校。我记得车是从西华门进入故宫的，车从高大的门楼穿过，经过一座石桥，在一个广场里停了下来，现在知道了这个广场是隆宗门广场。我们把铺盖卷先存放在了一间平房里，然后就被拉着到了工会会议室，屋里有几张单人床，就算是我们的临时宿舍了。在这里，我遇见了两名也刚分配到故宫工作的大学生，他俩的名字叫郭福祥和严勇。人事处的同志说，你们先住在这，等十三排的房子清理好后，再让你们搬过去。不久，罗文华也进入了故宫，跟我们住在了一起。

很快，在故宫三个月的实习期结束了，我和郭福祥、罗文华被分配到了保管部宫廷组，王光尧到了院办公室，祖世龙去了陈列部宫廷组。按故宫科组的划分，一个组里又分成不同的摊，我到了武备摊，郭福祥到了生活文物摊，具体管理帝后的印玺和钟表等文物，罗文华则到了宗教文物摊。同时，我们也住进了故宫里的集体宿舍十三排。

我到了武备摊，参加的第一个文物整理项目是给八旗盔甲缝号。盔甲由盔帽、上衣、下裙以及护肩、护臂、护腰、护腋等部分组成。我们要先把盔甲摊开，把白布条剪成一小段，用钢笔在上面写上文物编号，然后把白布条折叠两端，用针线缝在甲片上，并要为每一件盔甲制作卡片一张，卡片上要注明盔甲上的铜钉数量。有时坐在凳上就是一天，总觉得哪不对劲，缝一段时间，就得站起来活动活动。几百套盔甲整理完后，武备摊又与北京化工大学合作进行了刀剑除锈项目，每天重复的工作就是将生锈的刀剑浸泡在配制的化学药水中，锈分解后，再擦拭干净，涂抹上防锈油膏。此项目持续了一年多，经我手除锈的刀剑也得有几百把。结项后，我又开始整理弓箭，为成千上万的箭编号，这也是一项艰巨的任务。保管部的工作，春夏秋三季是进库房整理文物，为文物补上号，挂上签。冬季库房没有暖气，无法干活，按规定要在办公室里抄写卡片。有时一个冬天能抄写几百张卡片，奇怪的是每年都有抄不完的卡片。

八旗盔甲

在我的印象中，写文章发表，那都是大学问家的事，我们这些小辈连想都不敢想。我现在怎么可能写出一篇文物考证的文章来呢？写文章发表那是极其神圣的事，只有像郭沫若那样的大家才能写出文章来。上中学时，老师教我们的是如何写作文应对考试，上了大学后，就没有写作这门课了，所有的课都是死记硬背，通过期末考试，就万事大吉了。毕业论文也是东拼西凑而成的。上学时，老师并没有教我们如何去阅读历史文献，如何去发现问题，分析问题，最后再解决问题，当把这些历史问题解决时，文章自然就出来了。现在想起来，那时写得最多的是给中学同学的书信，这倒是锻炼了我的写作能力。

时间飞逝，工作了五六年，我一篇像样的文章都没有写出来。这段时间，也是我最迷惘的时期。

那个年代，正值国家开放改革的气氛正浓烈的时候，流行下海，机关单位的位置无人问津。在周围，我听得最多的是谁又辞职下海了，在当时，这都是很光荣、很自豪的事。我隔壁宿舍的一位同事辞职去了美国，这位同事是一个很乐观的人，我经常跟他去北京师范大学玩，有他在的时候，一定是充满欢声笑语的，虽然他说话时总是口吃，但我们都亲切地叫他阿舅。另一位同事，是武汉大学毕业的，吉他弹得好，他能够听着音乐磁带把歌曲 *Don't Worry* 的谱子完整地扒下来，是院里乐队的主要成员，他也辞职去了广州。他临走前，我请他到西四吃了碗朝鲜冷面，他十分感激。这两位同事走后，十三排的生活多多少少失去了一些快乐。

那时的博物馆是被边缘化的，工资低，大学生的住房也得不到解决。出路在哪儿呢？从故宫辞职的大学生不在少数，但凡有点本事的，都走了。我记得有个喜欢雕刻五毒虫的大学生辞职去了美国，我们宫廷组的一位同事辞职去了大学教书，另一位同事辞职去了新西兰，与我同住十三排的朱老弟也辞职去了投资公司，再老一辈的人如巫鸿，也是从十三排走出去了美国的。

我感到迷茫，决定去广州看看，住在了辞职的那位同事在华南理工大学教书的中学同学给找的一间学生宿舍里。我在广州待了一段时间，其间这位前同事始终把我当作是到广州度假的，陪我吃广州的早茶，看大学旁边录像厅里的港片，一起吃夜宵，并没有安排我进入他的团队。一天，他对我说："你还是适合在故宫工作。"

我回到了故宫，心安静了许多。后来发现，凡是辞职离开故宫的同事，都有一个共同的特点：故宫是他们心中无形的存在。他们总会在朋友圈里发一些在故宫时工作的照片，在照片中他们是如此年轻，如此充满活力。或许故宫给不了他们什么，却是他们心中不愿割舍的情怀。大概这就是故宫的魅力所在吧。

我与十三排

我住的十三排那个带后院的房子，隔壁的阿舅去了美国，后来搬回来的山东大学毕业的姜进展也搬走了。后院就留给了我

一个人。以前种的一棵葡萄藤长得枝繁叶茂。虽然他们走了，但中央美院的两名在读学生却成了光顾我后院的常客。我们年龄差不多大，彼此之间没有什么交流障碍。那时的美院在王府井，离故宫很近，我有时也去他们美院，第一次在他们狭小而拥挤的版画室看到了制作石版画的一块德国石板，让人震惊。院子里散落着一些名师的雕塑作品，被随意地扔在不同的角落里，比如刘开渠的雕塑等，叫人唏嘘。也是在美院，我第一次听到了唐朝乐队的吼叫。

还有一件事让我记忆犹新。由于前辈厚爱，我参加了在承德召开的清宫史学术研讨会，虽是与会人员，但我知道自己的文章纯属充数的那种。会议间隙，我在木兰围场买了一只雏鹰带回了会议住处，朱家溍先生见状对我说："你给自己买了个麻烦，你知道怎么养它吗？"我一脸茫然，朱老便给我讲起了熬鹰的方法。回到故宫十三排宿舍后，我开始了熬鹰的旅程。每晚从 8 点开始，我把小鹰放在木椅子的靠背上，我坐在床沿上，眼睛正好与它的眼睛齐平。我们互相对视。刚开始时，小鹰光亮的眼睛还四处扫视，发觉我盯着它的眼睛不放，它的目光便被我的目光牵引了过来。我看着它，它看着我，我发觉它的瞳孔在收缩，一会儿，神奇的事发生了，小鹰的眼睛开始慢慢闭上，好像困倦了，再一会儿，头就往下点了。这时我用手轻轻地拍一下它的头，它被惊醒了，又看着我，我俩又开始了对视。时间一长，它又困了，又闭上了眼睛，我又把它拍醒。反反复复不知重复了多少次，本来打算是与它熬通宵的，可是不到 12 点时，我就睡着了。早上醒来时，小鹰已飞到了书架上，高高地歪着头看着我。我把它请下来，腿上绑上绳子，放在后院里，就去上班了。第二天晚上，我仍与小鹰对视，仍然是不到 12 点我就睡着了。第三天晚上依旧如此。这三天里，小鹰是又饥又困。第四天一早，我上东华门早市买了一点肉。按熬鹰的方法，是要在麻布条上抹上猪油，鹰闻着油香，以为是肉，就会把麻布条吞进肚里，但消化不了，还得吐出来，麻布条就势把鹰肚子里的油水刮净，这时鹰的意志就全消失了，但还得让它饿一天，才给它正常进食。我看小鹰实在太小了，怎舍得用麻布条呢？便直接把肉给了它。小鹰看见肉，扑扇着翅膀，用爪子按住，用利嘴啄了起来，肉中的一点点肥肉，它都给啄了出来，不一会儿工夫，一两肉就全吃下了。但对视的工作不能松懈，晚上我与小鹰又开始较量，不出所料，我仍扛不住，早早地睡着了。到了第六天，我就不再与小鹰对视了。晚上我把它放在了院子里。第二天一早，当我推开房门时，惊喜地看见这只可爱的小鹰正歪着头看着我，又不停地点头，双腿在木棍上来回地走着，我上前用手抚摸着它的头，感受它的羽毛光滑如丝绸。小鹰的头在我手里拱来拱去，我知道，我和小鹰建立起了信任。我马上去东华门买了半斤瘦肉，好好地奖励了它。此后我每天都给它买最新鲜的瘦肉，这样大约过了三月有余，小鹰长大了，翅膀也长硬了，它总扇着翅膀想飞，有一天，它就飞走了。

小鹰飞走了，后院的乌鸦又来了。每天早晨大群的乌鸦叽叽喳喳地叫着飞出故宫，傍晚时，它们又准时地飞了回来，总有那么几只乌鸦落在我的后院里，打量着我。我心里没有了寄托，总觉得空荡荡的，一到周末，就骑着自行车去北大找留校的同班同学，我虽然已在故宫工作多时，但心好像还在学校一样。有一天晚上，我本来是掐着时间往回赶的，但还是晚了，故宫的大门一到 10 点就关了，我在门外怎么喊叫都不管用，没办法只好骑车到北京站过了一夜。后来北大的同班同学辞职去了澳大利亚，他走后，我就再也没回过北大了。

现在想来，那时的我还是因为年轻，有着旺盛的生命力，哪有心思安顿下来看书做学问呢？

第一次承包拔草的经历

立秋一过，拔草行动就开始了。那时，库房院子里的草得管库房的人拔。保管部宫廷组所管的院子最多，拔草任务最重。打我进入宫廷组后，就赶上了拔草。刚开始，大家一起拔，后来实行了承包制，可以个人承包拔草，多多少少还有点劳务费。有一年，我和郭福祥不知天高地厚，自告奋勇地承包了整个寿康宫院子里的拔草任务，组长胡德生问：“行吗？”我们说：“行！”就这样把任务给揽下了。拔草的工具需要自己到总务科去领，主要工具是镰刀、斧头、叉耙子等，办公室有几辆手推车，我们只能推一辆走，其他同事还需要用车。配备的服装，上衣是蓝大褂，下衣是短裤，但蓝大褂长，可以护住腿部，拔草时很管用。蓝大褂其实就是我们的工作服，进入保管部时，我们就得到了军大衣、蓝大褂这身行头，春夏秋三季穿着蓝大褂下库，冬天裹着军大衣进库，这也是当时故宫里的一道亮丽风景。趁早晨气温还没有上升，8 点我们就领上钥匙，穿着蓝大褂推着车，一路唱歌到了寿康宫，打开东南小门，院子里尽是草，已快齐腰了。寿康宫为三进院落，加上寿康门前的院子，一共有四个院子。当时我望着寿康门外院子里的草，虽然心里有种绝望的感觉，但还是毫不犹豫地弯下腰，挥动镰刀，与草干了起来。

我俩一左一右分开拔，一会儿就看不见人影了，要突然大叫一声才知道对方的存在，但这一声也会确实把对方给惊着，互相再对骂几

寿康宫（拔草维修前）

句，笑几声，也就没事了。现在回想起来，我们无意中的大叫声，使黄鼠狼、刺猬、蛇这些“地仙”受到惊吓而躲了起来，避免了互相撞见，不好打招呼。墙根下长出的树根，有的有碗口粗，镰刀则无用武之地，这时斧头就派上了用场。我挥舞斧头劈断树根，那动作之快，连屋顶上的乌鸦也被惊出了一声带着嘶哑的吼叫。太阳一点一点地爬了上来，我们一点一点地被烘烤着。上午 11 点和下午 2、3 点，是最不好过的时刻，气温升高了，太阳到了头顶上，汗水止不住地往下流，使劲挥舞手中的草帽也无济于事。好在院子里有几棵果树，果子成了我们解渴的甘露，草拔完时，树上的果子也被我们吃光了，乌鸦、喜鹊也只能眼睁睁地看着我们恣意妄为，夺了它们的口食。割了的草，倒卧在地上，发出一股浓烈的草腥味，蚂蚱到处乱跳，蜻蜓飞来飞去，而刺猬、黄鼠狼、蛇可能早已溜进排水洞和暗沟里了。每当夕阳西下时，一群一群的乌鸦结队而来，它们落在屋顶上或树梢上，打量着我们，又抬起头来叫上几声，这时便到了我们收工的时候，天边的落日也给黄色的琉璃瓦涂上了一层金色。

总的来说还比较顺利，其间没有下过雨，一鼓作气，院子里的草就拔完了。但我们还得把草运到慈宁宫门外的广场上，先用叉耙子把草归成一堆，再把草挑进车里，挑的动作就像《岳飞传》中高宠挑滑车那样，只见草在我的头上一挥而过便落入了车中。我俩不知运了多少车，草堆在广场上形成了一座一座的山峰，有时真想倒在上面，睡他一觉。整整干了半个多月，寿康宫的草才清理干净。事后我获得了一百多元钱，这在当时算一笔不少的收入，但我舍不得吃，也没舍得买件衣服，却拿着这些钱买了一对哑铃，立志把身体锻炼强壮，明年接着干。

那时的故宫，既是一座博物馆，又像一个生产队，进库整理文物叫干活，搬运文物也叫干活，称长一辈的同事叫师傅。在我们保管部，总有搬运不完的文物，一会儿把文物从这座宫殿搬到那座宫殿，又要从那座宫殿挪到这座宫殿，来回移动，真有点像希腊神话中的西西弗斯。每到搬运文物时，同事们都特别使劲，也很兴奋。我记得有一天组长王宝光买了几个大西瓜，用库房里的水冲泡着，干完活后，我们便享受到了这甘甜的滋味。在搬运文物的过程中，手推车被证明是最实用的运输工具。后来工信部还专为故宫设计了搬运文物的车，但实践证明没有用，很快它就被淘汰了。故宫里门槛多，窄道多，拐弯多，院子里的地面又不平整，有时院子里还立有脚手架，堆有木箱和维修建筑后留下的踩踏木板。搬运文物时，车的两侧得有人扶着，使车保持平衡，并随时要抬起车跨过路障，越过门槛，在脚手架中穿行。搬运文物，绑扎是一个技术活，我们用棉垫把文物包好放到手推车上，再用高丽纸和棉垫盖住，最后一步绑扎一定是师傅们的专利。绑扎用的是绿色军用带，关键在于打结，不用将绳子穿过车把手或护两轮的车帮就能打结，解绳时轻轻一拽就解开了，大家称这个结叫馆员扣，想评上馆员，就得会打这个结。这一项绝活，我通过眼看、手练，终于也学会了，受用终身，到现在也没忘。但是这个馆员扣到我们这一代就再也传不下去了，因为推车绑扎都交给保洁工人干了，不过我把这一绝活传给了保洁工人，保洁工人也会打馆员扣了，算是给这门“非物质遗产”手艺找到了归宿。

从武备摊到原状摊

1998 年，故宫文物部门迎来了一次改革，大家给它取了个名字叫“拆三组五”，即把保管部、陈列部、宣教部拆分，重新组合为宫廷部、器物部、展览宣教部、资料信息中心五个部门，终于实现了业务人员保管、陈列和研究三位一体的目标。我也是在这次改革浪潮中调整到了宗教组。宫廷部是将原保管部的宫廷组和陈列部的宫廷组合并而成的，原来的宗教文物摊就独立出来成了宗教组。宗教组下分三个摊，即原状摊、佛像摊和法器摊。一天，王家鹏老师组织宗教组开会，说原状摊由我负责，摊员只有罗文华一人。不久，何芳从办公室调入原状摊，再后来文明、马晟楠亦相继调入。2007 年，何芳调离原状摊，到院刊做编辑工作。原状摊管理的库房有六十多处。

我到了原状摊，就好像鱼儿进了大海，感觉世界宽阔多了，眼界也被打开了。原状宫殿库房分布于故宫的各个角落，慈宁宫花园、乾隆花园都属于我们的库房，那时只有我们能进入库房区，这是一件多么惬意的事呀。第一次进乾隆花园时，觉得它是那么美，叠山起伏，曲径通幽，松柏郁郁，鸟儿和鸣，亭台楼榭，雕梁画栋，山洞幽幽，凤尾森森，在这样的环境里整理文物，难道不是一件开心的事吗？

原状宫殿库房以宗教文物为主，所谓原状宫殿，指的就是没有动过的宗教文物宫殿，它们仍保持着清末时的原貌。道教宫殿有钦安殿，这是中轴上唯一的神殿，重檐盝顶，内供九龛，中间大龛里供奉铜鎏金真武大帝像，从元代到清末，殿内供奉的众多文物被完整地保存了下来，是研究元明清三代宫廷史、建筑史和宗教史的绝好教材。宫中还有许多佛堂，其中最大的就是雨花阁。它是一座明三暗四的佛殿，

雨花阁

雨花阁四层供奉

是按照乾隆皇帝的旨意，依照西藏托林寺坛城殿的样式建造的，按密宗四部神系供奉，其中顶层供奉藏传佛教三大本尊造像。从一层登至顶层，就好像经历了从事部、行部、瑜伽部至无上瑜伽部的四部修行。推门站在檐廊下，风吹动檐角下的铜铃，忽闻半空梵音，使我欲念色尘，一时幻破，清净无碍。

有两尊神像深深地震撼了我，一尊是钦安殿供奉的铜鎏金真武大帝像，一尊是梵华楼供奉的铜鎏金旃檀佛像。记得有一天，我站在真武大帝像前，望着真武如炬的目光，顿生敬畏之感。真武神披发跣足，手执宝剑，国字脸，长须下垂，是典型的美髯公形象。造像比例匀称，有黄金比例之美。他目光如电，身着金甲，端坐于宝座之上。左手执剑往上举，右手内转 90 度压于腿上，一举一压，更显得身体笔直，气宇轩昂，气冲霄汉。紫禁城留下来的神像众多，唯钦安殿供奉的真武像和梵华楼的旃檀佛像，体量巨大，一个威武不可侵犯，一个慈悲充满智慧，其威严的目光和低眉垂笑的神情，极大地震撼着我的心灵，这一定是发自古人内心最深处的虔诚与期望，才会有如此震撼的力量。

原状宫殿是一座宝库，殿内陈设无所不有，除了宗教造像、唐卡、法器外，还有书画、贴落、家具、铜器、玉器、瓷器、珐琅器、金银器、织绣、乐器、刀剑、钟表等文物，是研究宫廷史、物质史、陈设史最好的地方。

所谓研究，就是针对某件文物或某一类文物，找出它的档案文献，指出它的产生、变化、存在的背景，以及与人物之间的关联，爬梳史料，清理脉络，分析成因，解决问题。我写了几篇文物考证的文章之后，一天，有人问我太和殿里的对联“帝命式于九围，兹惟艰哉，奈何弗敬；天心佑夫一德，永言保之，遹求厥宁”是何意，我一时无法回答。

梵华楼一层明间所供旃檀佛铜像

这说明我在传统文化方面的修养不足。

为什么宫殿要命名为太和殿、交泰殿、坤宁宫、养心殿、乐寿堂、颐和轩、重华宫、敬胜斋、三友轩、随安室、三希堂？宫殿中悬挂的匾额“正大光明”“奉三无私”“日监在兹”“令仪淑德”“履道安敦”“允执厥中”“正谊明道”等是何义？乾清宫联“表正万邦，慎厥身修思永；弘敷五典，无轻民事惟难”，惇本殿联“祖德敬而承，仰思堂构；天恩引以翼，远逮云仍”，斋宫联“克践厥猷，聪听祖考之彝训；无斁康事，先知稼穑之艰难”，又是何义？乾清宫屏风上铭文“功崇惟志，业广惟勤；首出庶物，万国咸宁；惟天聪明，惟圣时宪，惟臣钦若，惟民从乂；恺悌君子，四方为则；知人则哲，安民则惠”，出自何书？乾清宫、崇敬殿和惇本殿中宝座两侧为何要陈设两座大镜屏？为何宫城的布局是前朝后寝、左宗右社、东西六宫？要解开这些问题，我应该从哪入手呢？孔子说：“吾尝终日不食，终夜不寝，以思，无益，不如学也。”于是儒家的四书五经就成了我必修的课程，从此它让我打开了一扇溥博如天的大门，古代圣贤的经典成了我解读紫禁城的钥匙，也成了我修身养性的法宝，让我生起无穷的力量。

第二章

整理原状宫殿文物

原状宫殿库房由于长年没做系统整理，不仅文物杂乱无章，摆放无序，而且库房里尘土多，蚊虫多，夏天炎热，冬天寒冷，光线暗，无灯，整理文物的条件极差。整理原状文物，一要建立电子账，二要照相，三要除尘，四要搬运，五要进行三核对，即账、卡、物是否能对上。原状宫殿库房分散各处，无论风里、雨里，该查库时就得查库，每次查完库还得封好库，除此之外还要配合古建维修、安防警报系统安装等工程，特别是配合安防警报系统安装，有时长达数月，站在殿里，书也看不了，无所事事。如果是冬天，脚趾都冻得疼，身上裹着军大衣，双手插进袖里，冷时就在原地跳一跳。接待参观是家常便饭，还要担当起讲解的任务。我管理原状宫殿库房时，正赶上七年文物整理，六十余处库房都翻了个遍，一座一座库房都进行了除尘打扫，账物核对。文物整理结束后，又进行了文物编目，几万件的文物编目都要一一过目，其困难不亚于文物整理。那个时候，真是热火朝天干活的时候，大家没有互相推诿，每个人都有任务，该干什么干什么，把事情做好了就是了。

正是在整理原状文物的过程中，我对文物有了更多的了解和认识，激发了探索的热情。在恢复原状宫殿陈设时，由于有了原状文物整理的底子和认知，就知道了该从哪儿做起，一步一步地解决问题。

感动我的故宫另一面

小时候，我生活在南方的一个小小县城，县城几乎保存着古代时的面貌，我常对朋友说，我的少年时代是生活在古代里的。一条东西大街贯穿全城，两边店铺鳞次栉比，店门是由一块一块木板插进槽里构成的，一早就会有店主取下木板开始营业，辣香的味道瞬间在街上弥漫。街面是青石板铺就的，有的已磨得光亮，下雨时会泛着油光。城中有一座小山名翠屏山，山上有一座图书馆，周末时我常去那看书，春天山上开满了桃花。北门河从北门流过，到了小石桥处，一棵巨大的黄桷树就像一把伞盖一样，遮天蔽日，河水在它的树荫下缓缓流淌，夏秋时人们常在这里歇脚、聊天、吃饭、乘凉，河两岸的人们也爱在此浣洗衣裳。小石桥连着高高的台阶，登上台阶就进入了热闹的纸市街。县城的日子是平静而美丽的，美丽得使我都忘记了过去的速度。有一年回家时，我大吃一惊，县城已变成一座新城，到处都是崭新的楼房和宽阔的道路，小石桥不见了，黄桷树也不见了，山上的桃树也没有了，小时候生活的空间消失了。

可能是因为小时候生活的古城环境，我对存留下来的古代原状环境和宫殿原状样貌有一种特别的亲热。进入故宫工作后，又幸运地被

似脱了皮的柱子，非要把它拆除换成新的木柱？这些问题都值得我们思考。

站在一个保持着原味的建筑空间里，或者站在一个经维修而变成新的建筑空间里，感受肯定是不一样的。在一个保持着原味的空间里，时间好像凝固了，静止不动了。其实这就是一个修旧如旧和修旧如新的观念问题。有人喜欢保持原状，修旧如旧，比如我；有人喜欢修旧如新，让古老的建筑焕发出新的活力。近年来，我们也逐渐意识到了修旧如旧的重要性，比如将撤下的琉璃瓦重新挂釉回炉；部分彩画不重新绘制，保存原样；不是特别需要更换的材料，尽量保持原物不变。我们反对将故宫变成公园或园林，故宫是世界文化遗产地，它的建筑和环境只属于过去。

我希望延庆殿—惠风亭区能保持它的原貌，修旧如旧。如果维修一新，故宫就再也没有这样的原状空间了。其实保护原状，不仅要保护殿内的原状，还要保护建筑本身以及它的环境，这是一个学术课题，同样需要一支专业的队伍。

人的需求是多方面的，所以文化才博大精深。我们不仅需要维修一新的建筑，让我们赏心悦目，同时我们也需要那些在时间长河中仍然保持着原状的建筑，它不仅最大程度地保存着古代的信息，让人们领略古代的创意，也让我们能重回过去，与古人对话，与自己的心灵对话。

“黄芦晚日空残垒，碧草寒烟锁故宫”，当然这是诗情画意的场景，如果故宫变成这样，那是我们守护失职。但我们不一定都要追求新的，才能体现古建筑的辉煌，适当地留下一点原状的空间，亦未尝不可。它会像从古老的砖缝里长出的小草一样撩动你的心灵，让你张开想象的翅膀，回抱历史。

于是我爱上了原状宫殿库房，我喜欢在原状宫殿里整理文物，即使它里面沉积了厚厚的尘土，我也喜欢。

2004—2010 年的文物整理

2006 年时，宫廷部对各组所辖库房区做过一次统计，宗教组原状摊所辖文物类别为原状陈设，文物数量两万余件套，文物类别为佛像和玉山。我是第一责任人，组员有罗文华、文明、何芳（2007 年调离原状摊，调入研究室院刊编辑组）、马晟楠（2008 年进入原状摊）。管理的地上原状宫殿有：乾隆花园区的抑斋、萃赏楼、延趣楼、云光楼、养和精舍、玉粹轩、符望阁、倦勤斋、竹香馆，宁寿宫区的景祺阁、颐和轩东暖阁、乐寿堂东暖阁楼上、养性殿西暖阁楼上、养性殿西配、养性殿东配、宁寿宫、佛日楼、梵华楼，慈宁宫花园区的慈荫楼、咸若馆、吉云楼、宝相楼、临溪亭，寿康宫区的寿康宫东暖阁，玄穹宝殿区的玄穹宝殿、玄穹宝殿东配殿、玄穹宝殿西配殿，中轴上的钦安殿，养心殿区域的养心殿西暖阁仙楼、养心殿东配殿，乾东五所的敬前西配，重华宫区的崇敬殿西暖阁、崇敬殿东暖阁、崇敬殿东配，太子宫区的惇本殿，延庆殿区域的延庆殿、延庆殿东配房、延庆殿西配房，慈宁宫区的大佛堂西暖阁、大佛堂东暖阁，雨花阁区的雨花阁、雨花阁东配、雨花阁西配、梵宗楼、宝华殿，坤宁宫的东暖阁楼上和后厦及西暖阁，乾清宫的东暖阁、西暖阁和弘德殿，御花园区的御景亭、延晖阁。原状陈列室有皇极殿、养性殿、乐寿堂、颐和轩、乾清宫、交泰殿、坤宁宫、太和殿、保和殿、养心殿、阅是楼等 60 余处，此外还管理着宫殿外的铜缸、铜路灯、各种铜器造型、山石等陈设658件。

2004年至2006年，我们整理了19处原状宫殿，整理文物6000余件，文物移动共计1233件：

2004年，完成玉粹轩、养和精舍、云光楼、延趣楼、萃赏楼、三友轩、抑斋、雨花阁、梵华楼、养性殿西配等10处库房的除尘和文物核对工作。

2005年，完成梵宗楼、佛日楼、钦安殿、延晖阁等4处库房的除尘和文物核对工作。

2006年，完成宝华殿、宝相楼、惇本殿、养心殿西暖阁、养性殿西暖阁等5处库房的除尘和文物核对工作。

2007年，完成雨花阁东配和西配、符望阁、皇极殿、养性殿、阅是楼、乐寿堂、颐和轩、颐和轩东暖阁、景祺阁、宁寿宫、玄穹宝殿、弘德殿、英华殿、倦勤斋等15处库房的除尘和文物核对工作，合计核对账上文物2480件、无号文物及资料1585件。

2008年，完成吉云楼、慈荫楼、咸若馆、倦勤斋4处库房的除尘和文物核对工作，合计核对账上文物15525件。此外，还完成了崇敬殿内301件账上文物的除尘和核对工作。完成乾隆花园符望阁的文物腾退工作，共计迁移文物1144件，其中账上文物338件，无号文物14件、资料779件、杂物13件。另将符望阁内无法移动的文物点交给古建部，共计点交账上文物5件、资料1件。

2009年，完成乾清宫、交泰殿、坤宁宫、保和殿、御景亭、崇敬殿、慈宁宫后殿、寿康宫东暖阁、寿康宫等9处库房的除尘和文物核对工作，合计核对账上文物1595件。

2011年核对典章科转来的贴落资料，共计902件。与古建部进行了室外文物的移交点查工作，共计点查账上文物658件（故字号657件、新字号 1 件）、可提升文物 21 件、资料 134 件（共计 813 件）。

2010 年至 2011 年，主持宗教组文物编目工作，完成了原状摊文物编目规范格式标准的制定。完成原状摊全部现存文物资料的编目及审核工作，共计原状陈设文物 25082 条，资料 1765 条。并完成祭法器摊 2400 件文物编目修改的审核提交工作。

原状宫殿库房的整理从 2004 年开始至 2010 年结束，共计七年。乾隆花园中的玉粹轩、养和精舍、云光楼、延趣楼、萃赏楼、三友轩、抑斋是在 2004 年内整理完成的，内容包括清除尘土、搬运渣土、移动文物、照相、文物登记、寻找老号等工作，既要完成账（文物底账）、卡（文物卡片）、物（文物）三核对工作，又要清扫库房，使宫殿整洁，还要将成千上万的照片导入电脑，进行编号。在过去的几十年里，由于古建修缮、库房功能改变（如库房变为展室）等原因，文物存放地点数次变更，账、卡登记有很多含糊不清，这给我们的工作带来了很多困难。加上库房数量又多，为寻找一件文物常常需要付出巨大的努力。在给文物做登记的过程中，需要把文物上的信息全部录入，特别是粘贴在文物上的各种纸签记录。比如民国时贴在文物上的千字文号，有的还保存着，有的则掉在了附近，有的在搬移过程中被蹭掉了，永远地消失了。我们需要时时留意，因为这个千字文号是我们确定该文物原来所在宫殿位置的凭证，是进行原状研究的重要资料。1924 年整理文物时，清点的方法便是将《千字文》中的字按其先后顺序，作为每座宫殿的代码，自“天”始，至“字”终，共用了 84 个字，如乾清宫为整理的第一座宫殿，使用了“天”字号，宫殿里的每一件（套）文物均贯以“天”字，共计 99 个天字号，有的天字号里又分为许多分号。谁能想到，天字一号的文物竟然是一件二层木凳。

早晨8点30分，春寒料峭，我和罗文华、何芳、文明四人全副武装——其实就是穿着蓝大褂，戴着口罩和手套——带着保洁工人来到了贞顺门。文明背着相机，何芳提着装有账本、记录本和笔的袋子，工人们推着车，车里装着吸尘器、笤帚、拖布等，今天我们将整理符望阁。符望阁位于乾隆花园第四进院落，临近贞顺门。平面呈方形，外观两层，内实三层，四角攒尖顶，坐北朝南，南边为一座挡在面前的如案几一样的叠山，山上建有著名的梅花碧螺亭。它是乾隆仿照建福宫花园延春阁而修建的一座庞大建筑，以作为自己归政后宴请、读书、观戏、登高赏景的地方。一层内部结构尤为复杂，人称“迷楼”。

楼梯置于中央，如折叠状直通三层，如天梯一般。乾隆《题符望

符望阁

阁》诗曰："层阁延春肖，题楣意有存。耄期致勤倦，颐养谢尘喧。豫葺优游地，略惭恭俭门。其诚符我望，惟静候天恩。"第一层围绕中央楼梯井划分为四个凸字形的空间。南北的凸字形空间均为五间，东西凸字形空间均为三间，正对东南西北四门设平台，朝南的平台为高大的须弥座，上设宝座屏风，显然这里是正位。其他三面的平台则为低矮的平台，但也有变化，朝北的平台实为仙楼下的宝座床，上置宝座。东西向的平台上则设靠背、坐垫和迎手，形成坐床。不同的是东三间

符望阁平面图（采自故宫博物院编《符望阁》）

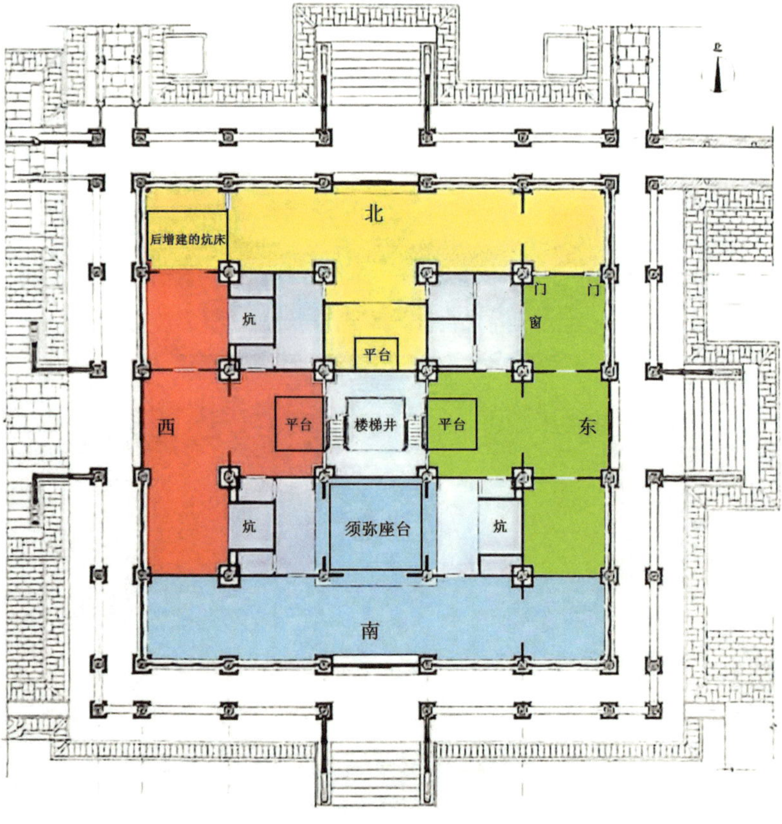

符望阁楼上陈设（修复前）

凸字形空间设计为戏台空间，北间北壁东西开两扇相入将出门，两门中间嵌挂钟，北间为唱戏的空间，以落地栏杆与观戏空间隔开。第二层为夹层，围绕楼梯井四周设隔扇。三层空间敞亮，靠楼梯口北设多宝阁屏风，屏风前设宝座，宝座前设雕梅花的案桌。打开南门，宝座正对碧螺亭。

在这个三层建筑的空间里，陈设了大量的文物。据苑洪琪老师《寻档问物》一文记载[1]，乾隆时期符望阁内陈设屏风、宝座、桌、椅、几、案、凳、箱、柜、格等家具50余件，铜器、玉器、漆器、珐琅、瓷器、印章等物近200件，书籍、字画等80余件。乾隆之后，陈设物有所增加，据清室善后委员会的点查报告记载，符望阁物品按千字文编序为汉字“李”字，点查报告中“李”字物品仅存97件。其中床有13张，包括5张罗汉床、7张坐床、1张寝床。罗汉床是可移动的床，设帐幔的寝床不可移动。坐床由不带底的木箱组成，一旦固定其位置，也是不可移动的。坐床空间局促，上设织锦缎的靠背、坐褥和迎手。宝座床和罗汉床的铺设分三层，先铺一层红猩猩毡，再铺一层红毡或白毡，最后铺一层红底黄花炕毡。档案记载北门面北宝座床，上设：“衣素坐褥一个，氆氇坐褥套一个，葛布坐褥套一个，纺丝挖单一块，石青缎靠背一个，葛布靠背套一个，花毡一块。”符望阁的贴落十分丰富，为如意馆画师黄念、杨大章、徐杨、周本、袁瑛、姚文瀚、顾全、贾全、方琮、魏鹤龄、谢遂等遵乾隆旨意而作，内容有山水、人物、花鸟等画。档案记载：“（乾隆五十年十一月）二十三日，接得郎中保成押贴一件内开十月十一日常宁传旨：宁寿宫符望阁东门内面北宝座后

1　范洪琪：《寻档问物》，《符望阁》（上），页226—229，故宫出版社，2014年。

修复后的戏台对面陈设及南墙上的松竹梅贴落

南墙一面，着杨大章画松竹梅大画一张，天然木根屏风后着伊兰泰照木根形式画线法，画片二层托贴画片，并做木片，俱着造办处做，钦此。于十一月初九日常宁传旨：宁寿宫符望阁东门内面北宝座后南墙一面，着董诰用绢画松竹梅大画一张，天然木根屏风后照木根形式画线法，山子木片不必要。”由此可知，东一间靠南墙设天然木根屏风，屏风前设乾隆观戏的宝座。南墙上的贴落松竹梅大画由董诰绘制，天然木根屏风后背板上由伊兰泰照木根样式画线法画。另墙上的挂屏，据清室善后委员会的点查报告记载，带“李”字号的挂屏有 40 件，墙上实存贴落 43 件。

符望阁南间须弥座台上的花梨木嵌牙木雕山水图屏风、宝座、香几作为一级品已移出，存入一级品库。符望阁里的文物除了本殿文物外，还有从其他宫殿移进的文物，计有：从抑斋移来的文物 3 件、玉粹轩文物 8 件、弘德殿文物 38 件、景祺阁文物 76 件、乐寿堂文物 4 件、养性殿文物 12 件、颐和轩文物 92 件、颐和轩东暖阁文物 11 件、御景亭文物 1 件、寻沿书屋文物 45 件，还有无号文物 15 件、资料 762 件。资料文物大都为书画贴落、匾联、墨拓、隔扇芯、桌围、哈达、幔帐、龛、布料、木箱、灯、侍卫刀、宣纸、香池、木架等。从其他宫殿移来的文物，大多是古建维修的原因，过多的文物集中在一层，长年累月，尘土积了厚厚的一层。符望阁内部也因长期无维修，窗户破损，天花板、墙皮开裂脱落现象十分严重。这应该是当时所有原状宫殿库房存在的普遍现象，可想而知，当时我们四人面对的是一个多么大的困难。

当我们推开符望阁的南大门时，一股多年积累的带有尘土味的空气扑面而来。文物摆放得杂乱无章。罗文华负责照相，他首先对殿内现状进行全方位拍照，然后对每件文物所在位置拍照。拍完照后，我

符望阁内未整理前状况

带领保洁工人除尘。先清理殿内杂物，把那些纸箱、海绵、废纸、苯板、油漆桶等清理出去，然后再使用吸尘器把地面吸干净，以便来回走动时，不会扬起尘埃。除尘需要用电，整理文物前已事先与行政处电管科进行了沟通。符望阁距离电源处有一段距离，保洁工人自带了电滚子，再远的距离也能把电接过来。通上电源后，即可使用吸尘器吸尘。由于殿内尘土太多，一年下来，我记得吸尘器都用坏了好几个。南门的屋檐下有一块空地，可充当文物拍照场地。几年前符望阁做了外部维修，南门外就存留有搭建的脚手架，那时的脚手架是用沙槁做的，粗大且有倒刺，通过脚手架时，一不小心就会撞到头或划破手。每次我们抱着文物出南门时，都要哈着腰，小心翼翼。文明的任务是把已清理干净的文物送到拍照地点，然后在文物上写号并挂上号签。何芳做卡片登记，并写好号签。只有何芳能坐在小凳上，弯着腰在箱子上做记录，算是特殊待遇了。

在清理云光楼时，原放置十六罗汉插屏的底座平台上堆满了掉落的墙皮和天花板，第一步是先把这些渣土清理出去，借平台作为整理文物的空间。光清理这个底座平台，我们就干了整整一上午，可见上面掉落的渣土有多少。很多器物的底座、插屏、桌案等都埋在厚厚的尘土里，要先用吸尘器吸，再用刷子刷，最后用布擦干净。由于云光楼是一座转角楼，打开窗户也没有风，屋里透不过气来，干一会儿就得出来吸口气。正是在这个云光楼拐角处，我们发现了一个秘密，有一扇隐藏在门后的小门，打开门，里面漆黑，用手电照亮，才发现那是一个陈放书的空间，有粗木书架，书架是空的。门内只容一个人进入，脚下也是积的厚厚一层渣土。我们先检查书架上有没有文物，再做除尘。这可能是紫禁城里最小的书房，好像一个藏经洞。

咸若馆抱厦倾斜并影响到了大殿，为保证文物安全，20 世纪 80 年代初期咸若馆文物被全部装箱移至其南侧的临溪亭暂存，建筑也得到了加固，之后文物却一直没有回归咸若馆。此次整理，装箱的 4000 余件擦擦佛将被移回大殿进行核对。为保证文物安全，我们核对时才将文物从箱内取出，核对完后马上装回箱内。为了提高效率，我们原状摊四人采取流水作业方式，一人取出文物，一人核对，一人照相，一人装箱，最终圆满完成咸若馆的文物核对，保证了文物的绝对安全。下午在核对咸若馆文物时，正遇上“5·12”汶川大地震，北京也有震感，

20 世纪 80 年代前的咸若馆内景

吉云楼（整理前）

但由于大家都专注于核对工作，还以为是老鼠在屋顶跑动时发出的声响。直到出库回到办公室后，才听说刚才四川发生了大地震。

慈宁花园内的吉云楼是清宫内名副其实的“万佛楼”，楼上楼下供奉了泥擦擦随求佛母 1 万多尊，但具体数目究竟是多少却有几种说法。清末点查时记载有 10024 尊，20 世纪 60 年代建账时记载有 10030 尊，前四次核对时亦没有弄清楚具体数目。本次核对，我们先对吉云楼擦擦佛的布局进行了调研，文明想出了一个办法，即以供奉位置为标准，分为东南西北四壁、中心柱东南西北四面以及隔梁等 30 个单元，根据实际情况在电脑上绘出每个单元的布局，统计每个单元供奉擦擦佛的数量，持图与实际情况一一比对，最终统计出吉云楼实际供奉 10043 尊擦擦佛，比账上记载多出 13 尊。

养性殿仙楼佛堂的核对工作，我至今仍记忆犹新。紫檀木七层八方佛塔供奉了铜佛像 56 尊，都需要请出来照相、写号和挂号，但佛像在装有玻璃门的龛里，需要人站在梯子上，打开玻璃门，才能请出佛像。但有的玻璃门卡住了，用劲又怕掰坏了玻璃，只能尝试从不同的角度，小心翼翼地将每扇玻璃门打开。每一层有八个方位，每个方位供一尊铜佛，请出来的铜佛核对完后，要即时请回原位。因为每一层的佛像大小不同，越上层的佛像体量小，一旦错乱了，是放不回原位的。

原状宫殿库房的整理还存在着危险，在整理玄极宝殿西配殿时，将近 4 米高的龛顶上存放有文物。当时我想，这些文物是怎么放上去的呢？好在我们有高大的梯子，我让保洁工人扶住梯子，爬上了龛顶，把放在上面的文物一件一件地取下来，并把龛顶上的渣土清理干净了。

原状宫殿库房的文物整理，尘土是个大问题。由于古建筑不防尘，多年积累的尘埃使库房内的尘土堆积可达一寸厚，进库干活需要先进行除尘工作。除尘时，尘土飞扬满屋，无处可躲，尽管有口罩防护，但只需要半天时间，白口罩上的鼻子和嘴巴处就有了 3 个黑洞。夏天天热，口罩捂得面部十分难受，我想到将口罩打湿，一方面降温，一方面增加口罩过滤尘土的功能。尽管采取了种种措施进行防护，但还是难免让过敏成为地面库房工作人员的职业病，不过大家并未因为过敏等不适影响工作，而是克服一切困难去完成核对任务。

核对文物通常都是在库房内“定点”工作，但我们原状摊管理的 658 件院外陈设文物如铜缸、铜瓶、假山石等遍布我院各处，对它们的核对必须在现场进行。2009 年夏天，我们冒着烈日，手拿卡片、卷尺、笔，从东到西，从南至北，走遍院内各个角落，将这些文物一一核对完毕。在对开放路线上的院外陈设文物进行核对时，因为需要翻越栏杆靠近文物，还常常被敬业的开放管理处的同仁认为我们是不守规矩的游客而遭到误会性的阻止和呵斥。

在七年文物整理的过程中，原状摊的同志们始终保持着积极的热情，无论酷暑严寒，年复一年，即使生病了，也不放弃进库房整理文物。我们在整理咸若馆里的文物时，文明同志感觉腰疼，我们都劝他回办公室休息，他说没关系，因为我们知道，在整理文物时，谁也不能缺少，原状摊的四个人分工明确，只要少一人，工作的进度就会受到很大的影响，有时还不得不停下来。文明同志强忍着病痛，一直坚持继续整理文物，这让我们很感动。在整理宝华殿火场遗物时，我们发现

中正殿档案箱（整理前）

了装在木箱中的纸质档案,整整有三大箱,数量庞大。罗文华负责照相,何芳负责做记录,并利用中午休息时间把照片输入电脑,建立档案数字库,为研究清宫佛堂打下了基础。

我想起了1929年故宫博物院全年工作报告,报告称:“本院职员多以学术研究为目的,故尽义务者甚多。即有报酬,亦极菲薄,至多之生活维持费,仅给百元,少只十五元,为各机关所罕有。而同仁工作精神,则殊奋发。栉风沐雨,毫无倦容。盛夏严冬,工作尤苦。或冒暑巡行于永巷之间,或呵冻植立于冷殿之内。皆为寻常人所不能忍受者,而本院职员,皆身受之。此无他,一为保存中国历史、文化艺术计,人人均视为分所当为,故不觉其苦。一则视本院为天然研究所,不为衣食计,而为学问计。同仁具此精神,得以维持以至今日。且努力进行不懈,亦职是故。”不为衣食计,而为学问计,前辈在如此艰难的环境中,仍怀学术坚守之志,令我辈敬仰。

在七年文物整理表彰会上的发言

赵阳主任找到我,说在即将举行的七年文物整理表彰会上,让我代表宫廷部发言。我既感到欣慰,我们的工作得到了大家的认可,但同时又感到紧张,关键是我不善言辞,怕辜负了大家的希望。我本想推辞,但又咽回了肚里,最后把自己逼到了绝境,认认真真地准备了一篇发言稿。表彰会的那天,我坐在报告厅事先安排好的座位上,心里惴惴不安,当听到主持人叫到我的名字,让我上台发言时,心里真是空空如也。但就在我站到报告厅发言位置上时,突然心里感到了平静。兹将发言稿记录于下:

各位领导和同事们，大家上午好！

今天获此殊荣，我代表原状摊，感谢一直以来关心和支持我们的各位领导和同仁，谢谢大家！

宗教组成立于1998年，就是在这一年，原状摊也成立了。

原状库房，可以说几乎分布于故宫的各个角落，从三大殿到后三宫，从养心殿仙楼佛堂到颐和轩东暖阁，从室内落满尘土的文物到室外遭受阳光风雨浸蚀的铜鼎铜缸等，都属于我们原状摊在账的文物，库房多达六十余处，但工作人员却只有四位。

宗教组原状摊的基础条件可能是全院中最差的。由于古建修缮、库房功能改变等原因，文物存放地点数次变更，账、卡登记有很多含糊不清，库房里的文物错综复杂，库房交叉存放文物的现象极为严重。账上所记文物的状态与实际库房中的文物有很多是不相吻合的，很多文物没有写号、做卡片，更没有文物方位的注明。这给我们的工作带来了很大的麻烦。加上库房数量又多，为寻找一件文物常常需要付出巨大的努力。所以我们的工作基本上是从零开始的。

而艰苦的工作环境，无疑又为我们的核对工作“雪上加霜”。

看似林岚佳致的花园亭榭，看似金碧辉煌的楼阁殿堂，作为库房的它们却四处漏风漏土，条件极差，由于年久失修，多数天花板、墙壁脱落，窗户玻璃破损，有的库房里竟堆了一米多高的建筑渣土。当我们打开大门时，屋子里覆盖着厚厚的尘土，连下脚的地方都没有。整理玉粹轩文物时，正赶上炎热的夏天，通往竹香馆的过道上，堆满了建筑渣土，空间小，既不通风，又无光线，即使是轻轻走过，也会扬起尘土，更何况掀起这些掉落的墙皮和天花板，尘土立刻弥漫整个空间，喘不过气来，又加上身上流的汗水，和着尘埃，让人甚至连眼睛都睁不开。冬天空气干燥，尘土更是肆虐，即使戴上口罩也无济于事。艰苦的工作环境，使本摊的成员几乎都得上了过敏性鼻炎。但大家都能克服各种困难，甚至强忍身体疾病，坚持上岗。

在核对文物的过程中，我们所承受的劳动强度远比想象的还要大，除尘和清理建筑渣土，有时一干就是数天，所清除的建筑渣土不知运了多少车，而这些渣土我们要用筛子筛选，以检查其中是否含有文物散件。库房干净了，而我们每一个人都变成了泥人，眼镜上蒙上了厚厚灰尘，口罩上非常明显地印上了三个黑洞，我们可以毫不夸张地说满嘴、满肚子都装的是尘土。

清理建筑渣土时体力上的透支并没有压倒我们，我们以同样饱满的精神和热情又投入文物核对之中。

原状库房大型文物多，重的文物也多，如条案、挂屏、铜佛、塔、铜瓶等，整理时常常需要挪动，我们的双手都曾经被压伤过，有时还蹭破了皮，有的文物实在搬不动，我们还要钻到诸如桌子下、案下、床下，仔细地查看伤况，寻找老号，仅一天下来就会腰酸背疼，更何况长年累月地这样工作。

咸若馆的擦擦佛有 4000 余件，都是泥做的，非常易碎，每一件我们都要从箱子中拿出来，写上号，挂上签，测量尺寸，注明伤况，然后再包好，放入箱中，最后一箱一箱地码好。重复地做这样的事情，既要克服身体上的疲惫，又要保持高度的谨慎与小心，这无疑都是对我们身心的一种考验。

除了正常的文物整理时间外，冬天我们也没有闲下来，有不断的工程配合、接待参观和文物搬迁。

在七年的文物核对中，我们奔波于大大小小的库房中，穿梭于密密麻麻的文物之间，可以说都没有一刻闲暇的工夫停下脚步来静静地欣赏花园中的松风竹韵，宫殿里的“四美具”“西方胜”。

在七年的文物核对中，我们还遇到了另外一种心理上的压力——工作的危险性。原状库房区的空间并不是大家想象中的那样开阔、空荡，文物存放也并不是想象中的那样有序，在有的库房区或库房里，竖立了很多脚手架，进入库房我们得穿过这些错综复杂的铁管，或者在这些铁管的包围下工作，一不小心就会撞在头上，眼冒金星，这样的碰撞不止一次地发生在我们的身上。

有的库房实际上就是危房，有的楼梯实际上很脆弱，有的文物存放在空间狭小、没有光线的地方，有的文物存放在高大的柜顶、神龛上或者塔里，整理时，一不小心，就会从黑暗的楼梯口、龛顶上或者搭的架子上摔下来，所以我们整理文物还需要一种勇气。虽然危险时刻潜伏在我们的身边，但没有吓倒我们，反而使我们得到了锻炼，磨炼了我们的意志。

在七年的文物整理过程中，我们原状摊的每一位同仁，都付出了辛勤的劳动，流过无数的汗水。罗文华同志工作扎实认真，热情主动，不怕吃苦受累，勇于承担重任，为文物整理献计献策。何芳同志任劳任怨，在严酷的工作环境里，不怕脏，还时时充满着乐观向上的精神。文明同志不仅要参加原状摊的整理工作，2007 年以后还要负责全组三个摊的日常管理、协作配合并积极帮助其他摊解决在文物整理中遇到的困难。文明同志在整理工作中主动地完成了原状摊全部文物的电子账录入，这些繁重的工作都是他平常一点一点挤时间和晚上带回家干出来的，那个时候，他的孩子出生了，他基本上把所有的休息时间都放在了工作上。

马晟楠同志刚分配到我们原状摊时即投入整理文物的队伍中，面对原状摊艰难的环境，她从来没有感到过退缩，跟大家一样总是冲在第一线。记得是在去年炎热的夏季核对室外文物时，我们冒着烈日，从东到西，从南至北，走遍了院内各个角落，有的时候还需要翻越栏杆、爬山等，但马晟楠并没有说半个不字，总是充满热情地投入工作之中，后来当我们得知她怀有身孕时，我们备受感动，也深深地自责自己的粗心大意。

我身为库主，在做好库房日常管理工作时，主动面对困难，克服困难，完成任务，是我义不容辞的责任，我能做的，就是以身作则，所以每次整理文物，我总是担任起给库房、文物除尘、清洁的任务。

通过大家的努力，我们终于完成了文物核对工作，彻底弄清楚了原状摊所管理的文物，建立了完整的电子账。

此时此刻，我的心中怎么能平静下来呢？怎么能不像大海的波涛那样上下起伏呢？

回首七年，我们流过汗，也感到过压力，有时还不免有些牢骚，但我们坚持了下来，一步一步地走了过来，今天，我们享受着劳动的成果，心里充满了快乐。

工作环境有时是无法选择的，可以选择的是我们的工作态度，你用什么态度去对待工作，你就会取得什么样的工作成绩。如果我们每天想着自己多么幸运，能和这么多的国宝有这么近的接触，这难道不是我们人生的幸福与快乐吗？因此，具有责任心，是我们的工作之本，我们不仅仅是在整理文物，而且还肩负着保护、传承中华文明的重任，那些曾经让我们心灵蒙上厚厚阴霾的尘土，那些曾经挡在我们面前无法移动的一大堆的难题，又算得了什么呢？

七年，在我们的一生中，是很短暂的一刻，虽然很多细节已逐渐从我们的记忆中消失，然而我们对这段时间，却有着太多的留恋与感慨。记得有一天，一位同事让我看一张照片，是我们宫廷部清理大佛堂的旧照片，照片里有陈丽华主任，有王家鹏、王宝光、李中路、李军等，他们身穿蓝大褂，蓬头垢面，满身尘土，看着这张照片，我想起了我们清扫大佛堂时的情景，屋子里堆满了文物和建筑渣土，陈丽华主任带领大家，在这尘土滚滚的环境里，一件一件地清理文物，当时那热火朝天的场面、那欢歌笑语的情景还历历在目。这种协作互助的快乐精神，传染着每一个人，这不正是故宫人的一种精神面貌吗？它让我们克服了一个又一个困难。

在我们原状摊整理文物时，领导给予了极大的帮助、支持、关心和协调，记得陈丽华主任对我们说：你们有困难，尽管提出来，我马上给你们解决。赵阳主任也经常亲临第一线，与我们并肩战斗，并对我们的工作给予指导，给了我们极大的鼓励。所以，上下一心，也是七年文物核对能圆满完成的一个重要因素。

通过七年文物核对的“摸爬滚打”，我们学到了很多，老同志在不断地丰富充实着自己，新同志也在不断地成长，发挥着越来越重要的作用。

虽然文物核对占去了我们绝大部分时间，但我们对文物的研究一刻也没有放松，研究成果也在这段时间里爆发，出版著作不下7部，发表的学术论文不计其数。繁重的工作并没有压倒我们，反而更加促进了我们研究的深度和广度。

七年文物核对所取得的辉煌，此刻已经成为历史。因此我们要保持一颗进取心，一种危机意识，而不能就此停滞不前，今后的工作一样将会有新的挑战和困难。今天获得的荣誉，不仅鼓励着我们，同时也鞭策着我们，只有进步，没有后退。

我们原状摊获得如此殊荣，我们有何德何能？在座的诸位，你们付出了比我们更多的汗水，但正是大家的共同努力，我们的故宫才有了改变，才一天比一天变得更好。

最后，我代表原状摊再次真诚地感谢大家！

第三章

主持原状宫殿展览

民国初年，一些宫殿被改为展室，导致清末留下的宫殿原状陈设已被破坏。抗战期间因文物南迁，很多宫殿里的文物离开了它们原来的位置。抗战胜利后，文物回归，也没有退回到原来的宫殿里。但宫殿里的大型家具及典制性的陈设基本还保持着原样，如屏风宝座等。后来因为博物馆要按艺术史划分部门，建立库房，文物被重新组合，比如瓷器归瓷器组库房，绘画归绘画组库房，服饰归织绣组库房，青铜器归铜器组库房等。很多宫殿里的文物被移走了，如崇敬殿西佛堂中的金佛被移入工艺组金银器库，钦安殿里的霁蓝釉碗被移入瓷器组库房，颐和轩后厦抱柱上的红雕漆嵌螺钿匾联被移入宫廷组家具库。加之把宫殿大量地开辟为展室，或者建筑维修等原因，很多宫殿空空如也，或者存放着临时移来的文物。只有那些作为某类文物的原陈设宫殿并做了这类文物的库房，南迁时又没有把文物迁走的宫殿，才有可能把原状完好地保存下来。这类原状宫殿就是佛堂，因其文物较为单一，被当成了宗教库房，其原状才得以保存。但恢复原状展陈，一般不恢复佛堂，因此恢复一座原状宫殿陈设困难重重。

人们进入故宫，最想看到的是过去皇宫里的生活场景，因此原状的恢复被提到了日程上来，故而才有了原状展陈。原状展陈可以拉近时空，实现穿越。恢复原状基于三个方面：一是档案支持，三大档案《陈设档》《活计档》《奏销档》缺一不可；二是老照片支持，主要是清末时或民国时拍摄的宫殿原状；三是文物支持，文物是原状展陈的核心，这就要依靠民国时出版的《故宫物品点查报告》，根据报告中的千字文号就可以找到文物所在的宫殿。但在工作中，常常是要恢复的这个宫殿却偏偏找不到千字文号。恢复原状是一个系统工程，涉及建筑维修、内檐装修和文物复制等工程。

我一年的工作

2014 年是忙碌的一年，这一年的工作既紧张又充实。

1 月 2 日，上午 8：30—9：00，召集家具筹展组成员宋永吉、黄剑、芮谦开会，商议于春节前把陈列大纲修改完，视频脚本写好。家具展需要动用书画部、古器物部、图书馆的文物，要进库查看确定需要修复的文物件数，以便送修文保部，需事先与各部处联系。

9：30—11：00，文物处主持现场协调会，古器物部、宫廷部、书画部、文保部负责人等参加。养心殿东西暖阁、坤宁宫东暖阁里的书画文物，需要取下修复，取下时需要挪动其他文物，各部门需要配合。毓庆宫、惇本殿大修，亦需要挪移文物。

1 月 3 日，上午 9：00，参加紫禁城学会会议，商讨培训事宜。

1月6日，联系保洁工人和木工，与文物处联系，查看各处库房，最后确定搬至景阳宫后东配，为搬移毓庆宫里的箱子做准备。

1月7日，上午，保洁工人10人，车8辆，刘政宏、曹连明、刘宝健、张广生、梁科、滕德勇配合，共搬移毓庆宫里的箱子10余个。

下午2:00，召集原状组开会，再次布置寿康宫需要复制的床帐、床褥、坐垫等件数，分别写清楚苏州顾绣工作室张平老师、天翱特种织绣有限公司李德喜老师、苏州刺绣张茜工作室各有多少项复制的内容，并与他们联系，尽快到京，确定后签订合同。并安排原状组把要送至资料信息中心的贴落包括缂丝挂屏等统计清楚，交给资信中心复制。原状组组长刘政宏确定文保部木器组屈峰复制的大殿地平和匾联的进展情况，告文保部承办无误。

1月8日，上午9:00，带领清华大学建筑学院的三名学生到钦安殿补拍钦安殿绘图的照片。文明、鲍楠配合。

1月9日，上午9:00，召集原状组开会，布置寿康宫铺垫的复制任务，一是联系苏州张平、李德喜老师尽快来京，测量复制的尺寸，确定复制的样式。强调寿康宫展览的重要性,时间紧,一天都不能耽误，要以天为单位来计算时间。把要复制的清单写清楚，并提前草拟合同。

1月10日，上午，刘政宏告知苏州张平、李德喜老师来不了，打算春节一上班就过来。于是又做了如下布置，计划在春节前，先与制作寿康宫地毯的厂家和复制4个炕几的厂家取得联系，到故宫进行测量、确定样式图案。

1月14日，上午9:00，参与寿康宫复制炕褥、坐垫、床帐、床单、枕头等尺寸测量，并查看储秀宫，为明天苏州顾绣复制工作人员进殿观摩文物复制做准备。

下午 2 : 00，参加 300 会议室召开的展览协调会，院领导主持，各部处主任参加并发言，我代表宫廷部讲了所承办的展览及要做的工作、所遇到的困难、需要解决的问题等。

安排原状组接待苏州张平老师一行复制人员到寿康宫测量复制文物的尺寸。

1 月 15 日，上午 9 : 00，张平老师一行观摩复制的床单、枕头、被子等文物。

下午 1 : 00，带苏州张平老师和李德喜老师复制寿康宫文物，进储秀宫查看床单和被罩的陈设原状。之后又带剧装厂孙颖等五人进储秀宫查看炕毡样式，再进寿康宫核对炕和床的实际尺寸。又带苏州艺林屋绣庄陈英华查看铺垫，定其样式。

1 月 16 日，下午，古建部方遒主任，维修组张云飞等人，文保部屈峰，原状组刘政宏、林姝、许静、周京南，查看寿康宫，我向古建部一一介绍了寿康宫展览在古建方面需要维修的情况，如地面不平、防潮等问题。东配殿的床和后殿西稍间的床太窄，不符合规制，需要拆除后板，经查，后板属现代安装。向文保部一一说明了需要维修的床、炕，复制的大殿地平和匾联等情况。

1 月 17 日，山东地毯厂的韩玉兰老师等 2 人观摩要复制的地毯文物，进寿康宫测量地毯尺寸，量大殿地平地毯一块、后殿西稍间地毯一块、东稍间地毯一块，北围房东稍间地毯一块。

与展览部联系，约古建部、文保部、修缮处、行政处、保卫处各主任与展览部、宫廷部一道到寿康宫，分配展览任务，确定哪些需要复制、修复，哪些不需要做，各部门领任务。院领导到现场协调。

1 月 18 日，联系外事处，确定慈宁花园各殿文字说明牌的翻译事项，外事处袁宏承担，3 月份之前完成。

1 月 20 日，下午 2 : 00，召集原状组人员开会，讨论寿康宫原状与专题展，总结以往经验，明确今后的任务与责任，确定责任人。

1 月 27 日，上午 9 : 00，钟表馆拆除圆形展柜，因要拆除铺设的地线，而地线穿过靠隔扇的展柜柜底，需要挪动展柜。经研究，不需动展柜和文物，直接把接线处分开，可从柜底拉出。展览部、电管科、宫廷部、开放部等参加。

2 月 8 日，上午，院领导到宫廷部听取建议和困难，院办参加。

2 月 13 日，上午 8 : 30，召集原状组开会，强调这次协调会来之不易。再次询问了铺垫照相的事和两个炕几的复制，定于明天上午，厂家来人看文物，然后到厂家的生产车间调研。

9 : 00，召集家具筹展组开会，宣布孙召华临时负责家具展的事：1. 由宋永吉在这两天内联系书画部、古器物部进库看展出的文物状况；2. 孙召华负责大纲研讨会的筹备；3. 黄剑负责展览文物修复，确定需要修复的文物件数；4. 黄剑负责联系院外专家，准备于 3 月上旬召开大纲研讨会。

10 : 30，寿康宫展览协调会，院领导主持，各部处主任参加，以确定各部门的具体工作项目与完成时间。展览定于 2015 年 8 月 15 日试展，9 月 1 日正式开幕。

协调会后，与文保部商议，隔扇芯不用绿纱，决定用乐寿堂清末时留下的隔扇书画芯复制装饰，由文保部复制。

下午 2 : 00，与刘政宏去养性殿东暖阁查看宝座床，床里的床单尘土多，床壁上的壁纸坏了，影响观众的视觉。另养心殿东暖阁窗户下的炕宝座铺垫也坏了，需要重新复制。初步确定由剧装厂来复制。

2 月 13 日，上午，查看展览用的剔红宝座和画珐琅炕几。宋永吉、芮谦、黄剑等 3 人进库。

下午，安排周京南等到养性殿东暖阁查看能否从后面进入东暖阁的床部分，以便为床铺布和剧装厂复制进入测量尺寸。并联系开放部，确定下周一利用闭馆时间，于上午 8 : 40 进入东暖阁为床铺一块布。

联系资信中心、织绣组阮卫平，安排刘政宏等明天上午到织绣库提取铺垫，到照相室扫描。

联系文明，安排刘政宏等到文明管理的库房提取乐寿堂的隔扇书画芯约 100 张，送到文保部复制，作为寿康宫的隔扇芯之用。

2 月 18 日，上午，到养性殿东暖阁为宝座床铺黄云缎一块，刘政宏参加。

2 月 19 日，上午 9 : 00，报告厅听群众路线报告。

2 月 20 日，下午 2 : 00，参加敬胜斋召开的全院展览协调会，院领导主持，各部处主任参加。我讲了寿康宫原状展陈的三个问题：一是东西围房专题展问题；二是寿康宫地面问题，希望展厅的地面平整不返潮；三是隔扇芯的修复问题，要采用清末乐寿堂存留下来的隔扇书画芯进行复制。

3 月 6 日，下午，组织原状组成员结合寿康宫原状展览调研景祺阁。

3 月 11 日，上午 10 : 00，南京云锦研究所复制完成交泰殿二十五宝云龙套，送至故宫，组成专家验收，并进入交泰殿先换下一套。

下午 2 : 00，组织原状组考察漱芳斋小戏台。

3 月 16 日，寿康宫地毯复制，按照乾隆时期的地毯样式复制，组织原状组重拟合同，让厂家重新报价，并向资信中心申请照片。

上午，约展览部到建福宫考察，做展览报价，展览部纪炜、李怀玉等参加，宫廷部张雅静、院办贾立新配合。

3 月 17 日，上午 9 : 00，交泰殿除尘，换二十五宝套，并为乾清宫除尘。

3 月 18 日，上午，因建福宫花园的展览要举办，需要做一个报价。故联系剧装厂到建福宫、养心殿，查看床褥的复制，决定建福宫东暖阁的床只复制床褥，让剧装厂做报价，林姝参加。另文保部相关人员亦到建福宫查看隔扇夹纱的复制，确定报价。

3 月 19 日，上午，在柏林寺上课。

下午，给社科院文博专业的研究生上课。

3 月 20 日，联系文保部，安排宗教组于 24 日下午 1 : 30 进养性殿和乐寿堂换隔扇纱。

下午 2 : 00，部门组织召开党员、科级以上干部参加的“反腐倡廉”教育学习。

3 月 21 日，建福宫展览报价完成，上报院办。

为解决资信中心用房问题，与资信中心主任梅雪、文保部副主任郝寅栋一同查看寿康宫西配殿西耳房、慈宁宫大佛堂东西耳房，决定宫廷部腾出寿康宫西配殿西耳房给文保部，以便文保部腾出房间给资信中心。

联系保洁，安排宗教组于 26 日搬运寿康宫东配殿文物至西配殿。

安排原状组把养心殿后殿的床帐取走，暂存放于寿康宫后殿西北围房里。

安排原状组于 27 日搬走寿康宫西配殿西耳房里的文物。

3 月 25 日，上午，给社科院故宫学研究生上课。

3 月 26 日，下午 1 : 30，参加 300 会议室会议，讨论澳门举办宫廷过年展事宜。

3月31日，上午，组织宫廷部、展览部、文保部、古建部，进养性殿东暖阁更换窗纱。联系行政处，为寿康宫安电闸箱。

3月完成各部处寿康宫展览任务表，有具体内容，完成时间，由刘政宏上报部门，然后再上报院里。

4月1日，上午9:00，与林姝到庆寿堂，查看原寿康宫的宝座屏风，屏风为攒竹缂丝海屋添筹图，寿康宫原状是否需展出此屏风，仍未确定，原因：1.缂丝因时间长易碎，展出有一定风险；2.宝座上无坐垫、无足踏；3.无攒竹香几。而乐善堂的雕漆宝座屏风保存好，全套俱存，原属寿康宫后殿，但大小与缂丝屏风一样。可以考虑寿康宫正殿陈设雕漆宝座。

4月3日，上午，给社科院故宫学研究生上课。

4月9—18日，主持钦安殿课题。带领课题人员至安徽考察各地道教寺庙。

4月21日，上午9:00，苏州刺绣陈英华老师到故宫，安排核对颜色和图案，赵彦楠、章新、景闻配合。

给社科院故宫学研究生上课。

4月22日，安排原状组：一是明天把寿康宫后殿里的大柜子搬至奉先殿南库；二是进玄南库给剧装厂裁云龙纹锦缎，以便他们制作足踏、桌椅罩。

4月24日，将《钦安殿》图录文字和图片、线图交给出版社编辑出版。

4月28日，下午2:00，参加300会议室召开的业务部处工作汇报会，院领导主持，宫廷部、书画部、器物部、图书馆各部主任参加。

4月29日，上午，给社科院故宫学研究生上课。

5月5日，上午9:00，进坤宁宫查看东暖阁新发现的贴落，看看是否为原物，以确定盖在上面的已经取下的大画是否要复制。展宣部2人参加。

5月6日，上午，至展览部门会议室开会，展览部主持，讨论殿外说明牌重新制作事宜，参会者有相关部门领导。

下午，给社科院故宫学研究生上课。

5月8日，下午，参加中国社科院文博硕士研究生论文答辩，地点在社科院近代史研究所。

5月9日，上午9:30，山东韩玉兰老师拿地毯小样过来，由于我要到首博参加会议，安排刘政宏接待，并让刘宝健、林姝、许静参加，提出修改意见。

5月12日，安排人员把丽景轩展室掉落的嵌件找文保部的人去看看，粘回去。

查得档案："乾隆三十六年十月二十八日，五德来说太监胡世杰交紫檀木镶竹丝三屏风宝座一份（随足踏香几绣褥锦套，司房收贮），传旨：着在寿康宫安设，将现设屏风宝座撤下交本处收贮。钦此。于本日副催长安庆将屏风宝座一份持赴安讫。"此紫檀木镶竹丝屏风宝座，据林姝称，同治时从寿康宫撤下收贮于乾隆花园养和精舍，恢复寿康宫原状展，决定恢复此屏风宝座陈设。随即到乾隆花园项目保护组所在庆寿堂修复现场查看，除屏风缂丝芯未修复外，屏风的缺件、镶嵌已修复完成。由于是寿康宫的文物，文物基金会就不再对缂丝部分进行修复了，但保护组说修复单位已联系好了，是社科院考古所丝绸修复组承担修复，希望宫廷部主持修复。回到宫廷部召集开会，刘政宏核算了寿康宫复制费用剩余经费，但需与考古所商议修复价格。先让政宏把宝座所需备的坐垫尺寸找文明（宝座已修好在宗教组），趁该文

璇宫呈麗景慶洽西池

恢复后的寿康宫紫檀木镶竹丝屏风宝座

物即将赴首都博物馆展出集中之时，到御茶膳房测量尺寸，以备日后复制用。再把此尺寸与崇敬殿的宝座坐垫的尺寸核对一下，看看是否一致，若一致，今后就可按崇敬殿原寿康宫后殿的宝座尺寸复制坐垫。

5 月 13 日，上午 9 : 00，应故宫出版社之邀，在太和门东崇楼讲堂给全国中小学校长演讲《紫禁城的历史与文化》。

下午，给社科院故宫学研究生上课。

5 月 14 日，学习“三严三实”精神，严以修身，严以用权，严以律己，谋事要实，创业要实，做人要实。困难要一个个解决，一件件落实，责任到位，措施到位，工作到位。说老实话，干老实事，做老实人。

5 月 16 日，为修复寿康宫正殿缂丝屏风，上午考察社科院考古所丝织品修复工作室，王亚蓉老师接待，张琼、林姝、刘政宏参加。

5 月 19 日，联系织绣组和展宣部，安排 21 日上午 9 : 00，江苏陈英华老师进库房查看故 73283 坐垫，10 : 30 到崇敬殿查看宝座上的坐垫，刘政宏、林姝等陪同。

5 月 20 日，上午，给社科院故宫学研究生上课。

5 月 21 日，上午，由于与考古所所报修复价格出入太大，决定故宫自己请苏州的老师进行修复。陪同文保部相关人员及修复团队到庆寿堂查看缂丝屏风状况，确定修复方案，决定复制缂丝。完事后我接着到弘义阁查看乐器展布陈情况。

5 月 22 日，上午 9 : 00，组织搬运缂丝屏风的底座，加了一对复制的宫扇底座，从銮仪卫搬至咸若馆，文明、赵彦楠配合。

10 : 00，雨花阁接待参观，讲解。

5 月 23 日，上午 9 : 00，组织搬运缂丝屏风，从庆寿堂搬至咸若馆，刘政宏负责。

5月27日，下午2:00，寿康宫现场协调会，院领导主持，古建部、修缮技艺部、展览部、科技部、资信中心等部处主任参加，确定了床上的隔断打掉，重新裱糊，地面挖补，视频制作先制作庆典图部分，确定正殿内东门的修复方案，保持原状，做软化处理，正殿地平周围做玻璃屏障。

5月29日，上午9:00，参加于古器物部会议室召开的午门万寿展大纲论证会。

6月3日，上午8:30，参加于科研处会议室召开的2015年院庆展览进展汇报会，出席会议有院领导、宫廷部、展览部、器物部、工程管理处、文化服务中心等部门主任，我汇报了宫廷部展览进展情况。

下午，给社科院故宫学研究生上课。

6月5日，上午9:00，参加300会议室召开的“养心殿原状照明论证会”，宣教部主持。

6月6日，上午10:15，召开寿康宫现场协调会，院领导主持，各部处主任参加。

6月23日，通知展览部，弘义阁展览布展完成，可上文发通知，另联系开放部，做好点交准备。

6月24日，组织原状组乾清宫大婚展退陈。

6月25日，上午9:00，与孙召华、宋永吉去大佛堂东配殿查看房子，决定把东配殿最南头房间里的案子搬至东北间，把房子腾给开放部当休息室。联系保洁工人明天下午搬运。

联系工程管理处，星期一取下永寿宫殿内大匾，以便照此复制寿康宫正殿“慈寿凝禧”匾，文保部屈峰取回，测量、照相过后再运回永寿宫。

6月26日，下午2:00，苏州苏绣艺术创新中心张帆带复制品（被子）到院，组织验收。

7月2日，上午9:00，柏林寺故宫学校讲课。

7月3日，上午9:00，查看弘义阁中和韶乐乐器展览，准备点交给开放部,开放部参加。商议结果：暂定暑假以后再开放。孙召华参加。

7月4日，上午9:00，组织开放部相关人员，展览部任帅、徐瑾，宫廷部刘政宏、赵彦楠，电管科相关人员等，到慈宁宫、寿康宫现场协商展厅进电事宜。

下午2:30，院领导检查惇本殿区和奉先殿南群房区的安全和卫生状态。

7月7日，下午2:00，接待国家文物局相关人员赴故宫博物院开展库藏文物标本整理活动方案调查，到毓庆宫和后罩殿调查古建维修和文物清理情况。

7月9日，上午9:30，约展览部孙淼等查看南大库，商议家具仓储式展，还看了养南库和御茶膳房家具库。南大库设计方案由展览部负责设计。

7月11日，上午9:00，300会议室召开业务部门工作会，院领导主持，各部门主任参加。

下午1:30，为配合乾隆花园展，赴首都博物馆做讲座《乾隆花园的艺术思想》。

7月14日，上午9:00，与展览部纪炜，工程管理处王辉，家具摊宋永吉、黄剑查看南大库。现交到宫廷部的有两间大屋,一屋为6间，一屋为4间，另西边还有10间，东边计划修建的还有13间，共33间，室内面积达1500平方米。

经初步会商，一是先做两屋的设计，由于空间大，可根据不同的家具，设计多样化的空间布局，有的可能是二层，有的可能是一层，主要为仓储式展览，但可于局部设计为精致又简单的功能空间如书房、卧室等。要考虑进电，墙面需做处理、窗户要密封、地面要平整、防潮，不安空调，安吊扇和排风扇。

二是设计好后交与古建部，再做进一步深化。

预计两大屋的仓储式设计将于月底由纪炜组织设计完成。

7月24—26日，赴山西省参观学习山西博物院举办的印度佛像展，考察晋祠等文化遗产。

7月29日，上午9:00，参加图书馆于建福宫敬胜斋举行的“故宫藏旧照片展”论证会。

7月30日，上午9:30，于敬胜斋召开南大库家具仓储式展览专家论证会，院领导主持，宫廷部、展览部、古建部、资信部、工程管理处等参加。

8月4日，下午2:00，参加两个会议，一是甲骨文整理会议，二是奥运村观光塔举办宫廷文物展览会议。

8月11日，上午9:00，组织召开南大库家具设计方案讨论会，家具摊成员参加，展览部纪炜参加。

8月12日，上午9:00，召集原状组开会，讨论寿康宫隔扇芯复原问题。经过数次查找，均未找到符合比例的尺寸，决定只将后殿的床上和前沿炕上的隔扇芯进行恢复，由文保部临摹旧隔扇芯画12张。

8月15日，下午2:00，为科研处举办的建筑培训班上课，主题为《慈宁宫与慈宁宫花园》，然后带学员参观慈宁宫、大佛堂和慈宁宫花园。

8 月 18 日，上午，扬州市何园管理处主任王海燕带队一行 5 人来故宫学习，讨论花园原状陈设，王子林、林姝、宋永吉等参加。

8 月的主要任务，一是确定了寿康宫隔扇芯由于尺寸无法处理，仍用绿纱裱糊，但后殿、北围房炕上、床围子上的隔扇芯，根据旧藏隔扇芯画进行临摹复制。二是原交给资信中心扫描的贴落，移交给文保部扫描。

9 月 2 日，上午 9 : 00，参加 300 会议室举行的上海博物馆老师来故宫挂职学习的考核会。10 : 30 参加于敬胜斋举行的故宫与紫檀博物馆合作意向框架协议签署会。

9 月 3 日，联系古建部维修组张云飞，协商由修缮中心负责对寿康宫室内外地面砖进行修复，时间定于 10 月底完成。

节假日，强调展厅检查，出现问题及时解决，将安全放在第一位，如丽景轩巡查时，发现文物上的嵌件掉落，及时通知文保部进行修复。又如钟表馆总是有观众将冰棍棒、门票插进展柜的缝隙里，一旦发现，马上与展览部联系，开柜取出。

9 月 11—19 日，组织到南京、苏州考察，检查寿康宫文物复制进展情况。刘政宏、阮卫平、赵彦楠参加。

9 月 22 日，上午 9 : 00，参加院召集的职称论文审定会。

10 月 8 日，配合行政处空调组更换展厅空调电线，安排原状组和典章组关于“天府永藏展”和“武备展”展厅的配合事宜。

10 月 9 日，上午 9 : 30，宫廷部、展览部与央视纪录频道的导演座谈寿康宫宣传片的拍摄。双方一致达成了拍摄意向。展览部孙淼、徐瑾、任帅，原状组刘政宏、林姝、周京南等参加。

下午读《中庸》，录其几句以自勉。

庸德之行，庸言之谨，有所不足，不敢不勉，有余不敢尽。

言顾行，行顾言。

射有似乎君子，失诸正鹄，反求诸其身。君子之道，辟如行远，必自迩；辟如登高，必自卑。

凡事豫则立，不豫则废。言前定，则不跲，事前定，则不困，行前定，则不疚，道前定，则不穷。

诚者，物之终始，不诚无物，是故君子诚之为贵。

君子内省不疚，无恶于志。

有弗学，学之弗能，弗措也；有弗问，问之弗知，弗措也。有弗思，思之弗得，弗措也；有弗辨，辨之弗明，弗措也；有弗行，行之弗笃，弗措也。

10 月 14 日，上午 9 : 00，陪同苏州陈英华老师核对寿康宫宝座坐垫尺寸与颜色，织绣组阮卫平和景闻参加，再到漱芳斋和崇敬殿查看宝座坐垫样式。

10 月 15 日，电话询问古建部维修组，确定寿康宫地面地砖更换事宜，告知昨天到寿康宫确定了所修地砖大约有 200 块，今天进料开始维修地面。

直至 10 月 16 日，咸若馆文物修复进度如下：

1. 木器：木塔还剩两个塔尖的修复。配件下周补齐。

2. 漆器：干了一半的活，天冷无法再干，明年开春再说。

3. 铜器：修复完毕，剩下的就是补木塔的铜铃铛，要用时一周。五供的除锈需要等到漆器组干完活再动。

10 月 21 日，下午，原状组与文保部木器组进寿康宫确定制作匾联形式和尺寸，及所挂或贴落之处，由于匾联形式已定。即安排原状组上批文，确定提文物和复制扫描文物的时间限期为 11 月 20 日之前。

10 月 22 日，下午 2 : 00，参加《石渠宝笈书画特展》论证会。

10 月 24 日，上午，与书画部通电话，确定匾联提用扫描一事，经商议，先提用绘画扫描，12 月再提法书扫描，即日通知政宏按此计划进行。

10 月 27 日，又联系书画部，确定寿康宫匾联扫描一事，与文保部雷勇联系明天寿康宫东暖阁安门事宜。

10 月 31 日，下午 2 : 00，于科研处会议室召开养心殿原状照明厂家报告会，宣教部主持，后去养心殿实地调研，养心殿的地毯和铺垫需要换新。3 : 40 去箭亭调研，为在箭亭举办有关武状元和兵器的展览做准备。

安排许静、万秀峰于 10 月 30—31 日到山东德州检查地毯复制进度和质量情况。

11 月 4 日，上午 9 : 00，陪山东德州韩玉兰老师进养心殿测量地平和东暖阁地毯，准备复制，赵彦楠参加。9 : 30 到保西庑参加“天府永藏展”与开放部进行点收。原状组全组人员参加。

11 月 5 日，寿康宫和慈宁宫花园两处展的图录，原交给故宫出版社文化旅游编辑室编辑，由于编辑时间冲突，另交与其他编辑室进行编辑。

上午，与宣教部相关人员，展览部孙淼，设计组于彤，宫廷部典章科孙召华、毛宪民、恽丽梅到箭亭，调研箭亭的武备展事宜。后去军机处和丽景轩，商议展室如何进行小的改动，但看后，觉得展室、说明牌、展柜都存在着问题，要修补的地方太多，无法进行小修整，建议关闭，进行重新设计和维修，丽景轩的东西配殿关闭，主要对丽景轩进行复原式陈列，恢复戏台。

11 月 18 日，上午 9 : 00，安排并陪同苏州顾绣张平、徐志强两位老师查看铺垫文物两套，一套有龙纹，一套为花卉纹，然后进养心殿测量明间、东暖阁宝座上的坐垫尺寸，再进寿康宫测量床帐尺寸。

11 月 19 日，上午 9 : 00，参加于敬胜斋举行的院月度工作汇报会。

11 月 21 日，下午 1 : 30，接待中国文物保护基金会（香港），商讨建福宫花园展览一事，然后去慈宁宫花园长信门内参观考古工地。

11 月 22—24 日，厦门出差，参加中国博物馆协会第六届会员代表大会开幕式，考察鼓浪屿“故宫博物院外国文物馆”馆址场地。

11 月 25 日，上午 9 : 00，进钦安殿，确定需要补照的文物，安排生活组把丽景轩的吊灯取下送修文保部，并亲自登梯摘取吊灯。

联系山东韩玉兰老师制作养心殿和寿康宫炕毯一事，联系苏州陈英华老师制作三希堂坐垫一事。

12 月 1 日，安排军机处撤陈，因昨晚风大，安排查库。验收剧装厂制作的炕毯、桌罩等。

12 月 4 日，下午 1 : 30，海马地毯佟强前来故宫，与之商谈复制寿康宫炕毯一事，进景祺阁看格子宝座上的乾隆毡子及图案，刘政宏、鲍楠陪同。

12 月 5 日，上午 9 : 00，安排苏州陈英华去寿康宫宝座垫对色，到三希堂测量坐垫尺寸，刘政宏、赵彦楠陪同。

到钦安殿安排补照，邀请清华大学遗产研究所陶金就恢复抱厦原状作现场指导。田明杰照相，鲍楠配合，另还有两名保洁工人负责保洁。

12 月 7 日，上午 9 : 00，召集原状组开会，确定时间节点：

1. 绘画、法书扫描，明年 3 月前完成，刘政宏、林姝负责。

2. 出版展览图录，文物照相，明年 5 月之前完成，刘政宏、许静、林姝、周京南负责。

3. 展览陈设文物的占用，修复情况，林姝、赵彦楠、周京南负责。

合同由许静负责。寿康宫还有一项复制工作，是炕毯的复制，目前正在联系厂家报价。

12 月 16 日，下午，参加原状组总结会，进一步明确了明年的工作内容，再次强调任务的紧迫性：1. 修复与除尘文物 30 件，2. 协调文物 15 件，3. 寿康宫拍照文物 120 件，4. 原状复制书画 37 件，5. 专题展复制文物 30 件。

复原乐寿堂明间原状

2015 年，我主持恢复乾隆太上皇宫宁寿宫区域的原状陈列，这是一项新的任务，亦具有挑战性。所谓恢复太上皇宫的原状，也就是恢复太上皇宫中轴上宫殿的原状。中轴上的建筑有皇极殿、宁寿宫、养性殿、乐寿堂、颐和轩和景祺阁六座宫殿，首先我们对这些宫殿进行了调研，皇极殿的地平、屏风和宝座原状已得到了恢复。宁寿宫仍保持石鼓展厅不变。于是我把恢复太上皇宫的重点放在了乐寿堂。

乾隆三十五年（公元 1770 年），乾隆过完六十大寿后，即下旨营建作为日后归政的太上皇宫宁寿宫。乐寿堂是他的寝宫和书屋，仿圆明园淳化轩，整座建筑用楠木建造，殿内分上下两层，明间挑空，天顶装饰雕刻精美的楠木天花，隔扇镶嵌玉石和寿字珐琅饰件，极为精致豪华。殿内陈设屏风宝座和雕云龙纹玉瓮、丹台春晓玉山和大禹治水图玉山三件大玉雕。宝座上方匾曰“与和气游”，对联曰“座右图书娱画景，庭前松竹蔼春风”，春风即薰风，隐喻大舜“南薰”琴，故乐寿堂为左琴右书之书房。

慈禧太后准备于六十大寿时住进乐寿堂，对乐寿堂进行了大规模的改造，乾隆时的陈设也大都撤除，凡是能移动的几乎都移出了，只剩下搬不动的三件大玉雕，即明间南厅的雕云龙纹玉瓮、丹台春晓玉山和北厅的大禹治水图玉山。至民国时，乐寿堂明间已改成档案陈设展厅，几乎已看不出乾隆时的样子了。20 世纪 80 年代，这里成为珍宝馆展示珍宝的一部分。面对几乎空空如也的乐寿堂，如何复原乾隆时的陈设呢？

乐寿堂明间宽敞高大，按例应陈设有地平、屏风和宝座。因此第一步查乾隆时编纂的《钦定日下旧闻考》一书，书中写道：“宝座屏联曰：乐同乐而寿同寿，智见智而仁见仁。”“宝座屏联”是指陈设在宝座后的屏风上的对联，这一线索的发现，是乐寿堂屏风能否找到的关键。突然有一天，我想到了存放在寿康宫西配殿里的屏风，那是 2015 年 11 月 30 日，一个寒冷的冬日。我匆匆赶到寿康宫西配殿，搬出屏风，屏风上赫然写着乾隆御笔“乐同乐而寿同寿，智见智而仁见仁”双行对联，与《钦定日下旧闻考》所记完全吻合。屏风找到了！

回到 2005 年，一个炎热的夏天，为配合寿康宫维修工程，在腾空库房时，我们发现寿康宫西暖阁仙楼楼梯下还堆有一大堆文物，一层一层地摞在一起，上面覆盖着厚厚的尘土。我们来不及整理，直接搬到了慈荫楼的楼梯下，在搬运时发现这是一组紫檀框镶玻璃屏风，一共七扇，记得上面有巨大的“寿”字。到 2014 年，为恢复寿康宫原状，在寻找寿康宫宝座屏风时，我想到了这组屏风，时间已过去了将近十

乐寿堂

紫檀木镶玻璃七屏风局部（修复前）

年。屏风不是寿康宫的，只是就近存放在了寿康宫的西配殿里。如此精美的屏风没有故字号，被遗忘在角落里，却不知过了多少年了。

虽然找到了屏风，但还没有完，还要继续追寻下去：这组屏风是何时制作的？是何时陈设于乐寿堂的？又是何时被搬走的？

下一步我自然就想到了《造办处各作成做活计清档》。如果能从活计档中找到有关屏风的记载，那是最具有说服力的。终于天不负我，我找到了关于这组屏风的详细文字记载。

屏风原为紫檀木镶玻璃云龙缂丝七屏风，乾隆四十年（公元1775年）五月二十五日，“库掌五德、笔帖式福庆来说太监胡世杰传旨：宁寿宫乐寿堂现设七屏风一座，缂丝屏心起下，照淳化轩现设玻璃屏风一座一样换安，有锡玻璃，查玻璃，画样呈鉴，钦此。于本日画得七屏风纸样一张，查得宁寿宫库贮紫檀木镶玻璃五屏风一座。上拟得中扇玻璃一块，拟在中扇上用，次扇玻璃二块在次扇上用，边扇玻璃二块在边扇上用。又查得造办处库贮玻璃二块，在又次扇上用。开写尺寸清单，粘黄签，交太监胡世杰呈览，奉旨：玻璃准用，先标尺寸样交进，俟交出字画时，着仇忠信照字画本文挖锡，其裁下玻璃成做容镜”。[1] 所谓“挖锡”，是一种工艺，即按贴在玻璃上的字或画的形状把镜子上的锡（按：应为水银）剔除，露出字或画部分。七月初七日，乾隆御书《题乐寿堂》诗字条一张和“乐同乐而寿同寿，智见智而仁见仁”双行对联一副，传旨：交如意馆照淳化轩现安七屏风一样做。八月初八日，首领吕进忠交宣纸四张，传旨：乐寿堂明间七屏风上两次扇用，两边扇用四季花卉，着杨大章画，俱照淳化轩七屏风样式一

1 《清宫内务府造办处档案总汇》，第38册，页309，人民出版社，2005年。

样。九月二十七日，将七屏风上起下的缂丝片七张交太监胡世杰呈览，奉旨：交启祥宫有用处用。[1]

三年之后，乾隆四十三年（公元1778年）五月二十二日，造办处交米色地绿回纹边蓝缂丝云龙屏风心七张，但这个时候，库掌已经想不起这七张缂丝屏心是从何处取下的，于是乾隆下旨："着查系何处屏风上起下，查明回奏，钦此。"经多方查核，最终查得缂丝屏风心七张系乾隆四十年五月间乐寿堂明间七屏风上安玻璃时换下交如意馆收藏的。太监鄂勒里马上口奏乾隆，奉旨：着在圆明园查有合尺寸屏风上贴。随查得淳化轩七屏风一座，拟将缂丝片七张贴在其后背。但贴时发现缂丝片短二寸，难以镶边。二十四日，太监鄂勒里传旨：将缂丝屏风心七张不必在淳化轩屏风上贴，仍在乐寿堂七屏风上背后贴。云龙缂丝屏风心绕了一大圈后仍归位原处。[2]

屏风为七扇镶玻璃屏风，中扇是乾隆的御制诗《题乐寿堂》，次扇是杨大章画的牡丹与芍药，再次扇是乾隆的双行对联"乐同乐而寿同寿，智见智而仁见仁"，外侧两扇是杨大章画的菊花和山茶花。屏风背后贴云龙纹缂丝片。

实物与档案所记完全吻合，原存放在寿康宫西暖阁仙楼楼梯下的屏风就是乐寿堂的屏风，七扇屏风宽约492厘米，高296厘米，比乾清宫的屏风还宽。

为了进一步弄清这组屏风的来龙去脉，我又翻阅了《乐寿堂陈设档》[3]，档案记载："贰号，紫檀边镶玻璃七屏风一座（此款于同治十年

1 《清宫内务府造办处档案总汇》，第38册，页309，人民出版社，2005年。

2 同上。

3 《乐寿堂陈设档》（陈531，光绪年抄本），故宫博物院藏。

十二月初七日，总管苏得传要，当即交进，口传出帐）。”在同治十年（公元 1871 年）时，屏风被移出了乐寿堂，大约是为慈禧太后搬进来住做准备。

找到了乐寿堂的屏风后，我们又遇到了一个更大的难题：乐寿堂的地平在哪儿呢？它也是在慈禧太后时被移出的，但已经消失得无影无踪了。因此我们要复制一座地平，但不是凭空复制，而是要根据档案记载，一点一点地爬梳出乐寿堂的地平形制，重现它的原貌。

屏风在周代已出现，那个时候还没有宝座，天子祭天或接见诸侯时要设屏风，《周礼》记："王大旅上帝，则张毡案，设皇邸。"又记："凡封国、命诸侯，王位设黼扆。"皇邸、黼扆，指的就是屏风。是否有地平呢？根据甲骨文的记载，殷都四周出现了东单、西单、南单和北单，如甲骨卜辞"庚辰卜，央贞，爰南单（乙三七八六）"，于省吾释"单"为台即积土而成的高台，丁山释"单"为坛。《国语·楚语》韦昭注："台所以望氛祥而备灾害。"[1] 巫站在台上观测天象和礼天，居于高处，代表上天发布命令，拥有最高权力。当王代替巫，拥有发布命令的权力时，这个单台有可能就演变为室内屏风下的地平了。当佛教传入后，地平的样式就变为须弥座式了。上面的莲瓣和金刚柱，都是佛教的特点。

但凡宝座一般都要置于地平之上，方能显示其尊贵的地位。地平一般分两种：一种是等级比较低的地平，为简单的束腰木台，高度为 20 厘米左右，如交泰殿、养心殿和东西六宫里的地平；一种是等级高的须弥座式地平，如太和殿、保和殿和乾清宫里的地平。乾清宫的须弥座高约 57 厘米，加上栏杆的高度，地平高度达 120 厘米左右。

1 参见陆思贤：《神话考古》，页 172，文物出版社，1995 年。

乾清宫须弥座地平

乐寿堂地平在哪儿呢？我们搜遍库房，没有多余的地平，其他宫殿里的地平也是本宫殿自身的地平，因此我们确定乐寿堂地平无存，需要复制。刚开始时，计划乐寿堂的地平按简单的低地平复制，但问题来了，乐寿堂明间南厅地面至天花支条底皮通高 660 厘米，是除皇极殿外室内高度最高的宫殿，显然做一个低地平与空间极不协调。怎么办呢？乐寿堂地平会是一座什么样的地平呢？

还是从档案中寻找答案。

一则档案记载：“（乾隆三十六年）正月二十八日，太监常宁传旨：淳化轩着照乾清宫原安过掐丝珐琅象鼻腿鼎炉做四件，先呈样，钦此。”[1]

1　上揭《清宫内务府造办处档案总汇》，第 34 册，页 544。

淳化轩的鼎炉仿乾清宫鼎炉，有四件。

另一则档案记载：“（乾隆三十九年）五月初十日，库掌四德、笔帖式福庆，为成做养性殿掐丝珐琅龙挂香筒一对，角端一对，乐寿堂掐丝珐琅龙挂香筒一对，角端一对，鼎炉四件，各画得纸样一张，持进交太监胡世杰呈览。”[1] 淳化轩、乾清宫、乐寿堂都陈设有四件鼎炉。

按陈设规制，鼎炉是放置于须弥座式地平前端蹬道两旁的，三蹬道一共设置鼎炉四件，如太和殿、保和殿和乾清宫。为乐寿堂制作四件鼎炉，据此，可判定其地平是一座须弥座式地平。

查朱杰《长春园淳化轩与故宫乐寿堂考辨》[2] 一文，文中有一张根据乐寿堂样式雷图绘制的平面图，明间有三蹬道的须弥座式地平，为此我们核查了国家图书馆保存的乐寿堂地平图。据此，可确定乐寿堂的地平是带三蹬道的须弥座式地平，与乾清宫的地平相同。

第三则档案记载：“（乾隆四十年）四月十一日，奴才英廉面奉谕旨：乐寿堂亦添设中和乐、丹陛乐各一分，钦此。遵恭查：皇极殿应设乐器应照太和殿规制办理，乐寿堂应设乐器应照乾清宫

太和殿鼎炉

1 上揭《清宫内务府造办处档案总汇》，第 37 册，页 185。

2 朱杰：《长春园淳化轩与故宫乐寿堂考辨》，《故宫博物院院刊》，1999 年第 4 期。

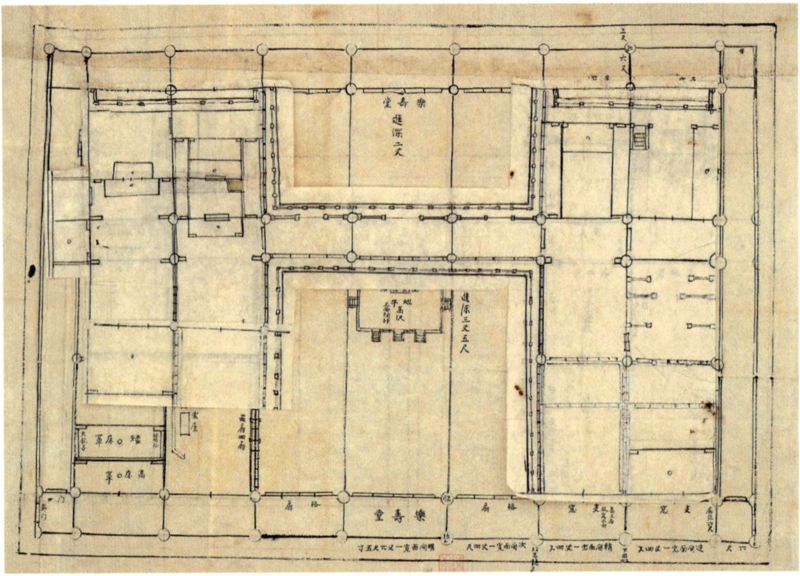

乐寿堂地平图（国家图书馆藏）

规制办理。”[1]

乐寿堂、淳化轩和乾清宫三者之间的关系是：乐寿堂建筑和陈设仿淳化轩，淳化轩和乐寿堂陈设仿乾清宫。从乐寿堂陈设的屏风、鼎炉、中和韶乐来看，它与淳化轩和乾清宫的陈设一脉相承，故而可确定乐寿堂地平形式仿制乾清宫须弥座式地平形式。

查光绪年抄本《乐寿堂陈设档》（陈 531）记：“乐寿堂明殿设：壹号，上留，紫檀地平壹分（上铺红花羊毛毡壹块，此款于光绪元年十二月十四日，太监刘得印传要，当即交进，口传出帐）。”[2]《乐寿

1 《奏为宁寿宫等处添设乐器并物料数目事折》，乾隆四十年四月二十六日，《奏销档 333—240》，中国第一历史档案馆藏。

2 《乐寿堂陈设档》（陈 531，光绪年抄本），故宫博物院藏。

堂陈设档》（陈 531）[1] 亦记载：“青玉云龙垂恩香筒一对，青玉甪端炉一对，上留铜掐丝亭式火盆二件，铜掐丝钵盂火盆二件（珐琅有补，俱紫檀座地平前设）。”故而可确定乐寿堂地平的材质是紫檀木，与整个乐寿堂的楠木原色装修色调相符合。

弄清楚了地平的形制后，于是我们就开始了复制之旅。虽然乐寿堂地平与乾清宫地平在样式上相同，但因材质不同，会直接影响到工艺的不同。乐寿堂的地平是紫檀木地平，而乾清宫的地平是髹红漆地平，故二者在工艺做法及纹饰上是不同的。

地平样式可以按乾清宫地平样式进行复原，但纹样是什么，因没有照片或档案记载则无法确定。于是我想到，与故宫有关系的皇家园林、行宫里是否有类似的紫檀木须弥座式地平，如果有，则可以作为参考。

圆明园刘阳老师为我们提供了一张中南海鸾仪殿的老照片，殿中有紫檀木须弥座式地平，栏板柱头饰“寿”字纹。鸾仪殿是慈禧准备归政后到中南海居住的寝宫，而乐寿堂是紫禁城内慈禧的寝宫。光绪元年（公元 1875 年），乐寿堂的地平被移除，就是要将乐寿堂改为慈禧的寝宫。光绪十四年（公元 1888 年）建鸾仪殿的时候，有没有可能把乐寿堂的地平陈设在了鸾仪殿里呢？但鸾仪殿早于清末时烧毁了，同时也无任何有关鸾仪殿地平的档案可寻。

故宫出版社的王志伟老师又给我们提供了另外一条线索：承德避暑山庄澹泊敬诚殿里陈设有紫檀木须弥座式地平。老照片里的须弥座式地平是 20 世纪 20 年代日本人拍摄的，其样式与现陈设几乎相同，

1 《乐寿堂陈设档》（陈 531，光绪年抄本），故宫博物院藏。

但老照片里的地平无存，现陈设的地平是故宫拨给的。原状组的王彦查阅了故宫调拨档案，档案记载：“为恢复热河离宫澹泊敬诚殿原状陈列，我院曾于1956年9月选拨围屏宝座及附属陈设品全份已由你处收讫。最近清理库存物品检出硬木地平一座，面积468公分×499公分，正合该殿方位的需要。”我们随即组织到承德考察，对澹泊敬诚殿地平进行了测绘，但地平正面只有一个蹬道，与乐寿堂地平形制不同。

我们又继续搜寻，发现颐和园仁寿殿也陈设有须弥座式地平，于是又组织到颐和园进行考察，对地平进行了测绘。但乾隆时的仁寿殿已于咸丰十年（公元1860年）被英法联军烧毁，光绪十二年（公元1886年）重建。据颐和园的专家介绍，现陈设的须弥座式地平是光绪重建后的陈设物。

虽然澹泊敬诚殿和仁寿殿的地平与乐寿堂关系不大，但为我们复原乐寿堂的地平提供了重要的参考价值。经过一番实地调研后，我们又回到了乐寿堂，紫檀边镶玻璃七屏风是乾隆时乐寿堂明间地平上幸存的文物，屏风下板芯的云蝠寿纹及须弥座的造型和云寿纹主题与乐寿堂之寿意相符合，故确定以屏风为根本来复原乐寿堂地平。地平须弥座、栏板的造型及纹样也应该与屏风形制保持一致，因此紫檀边镶玻璃七屏风的一些元素对于地平的复制具有重要的参考价值。经考察和专家论证，我们开始了地平复制工程，根据紫檀边镶玻璃七屏风的宽度和乾清宫地平的尺寸，确定地平宽600厘米，进深450厘米，高120厘米。经过乐寿堂团队一年时间的努力，于2018年11月18日，地平复原成功。2019年1月7日，地平运至乐寿堂，经过一天的组装，一座巨大的地平矗立于乐寿堂的明间。

屏风和地平的确定，为乐寿堂明间的复原打下了坚实的基础。根

紫檀边镶玻璃七屏风须弥座（修复前）

复原的乐寿堂地平

据档案记载，我们又找到了地平正面三蹬道处放置的紫檀木鼎炉香几，它被扔在了景祺阁一个黑暗的角落里。地平上陈设的掐丝珐琅龙挂香筒、甪端、翎扇也找到了。现在就只有宝座还没有下落。据光绪年抄本《乐寿堂陈设档》（陈 530）[1] 记载：“乐寿堂明殿设：壹号，金洋漆九龙三屏风壹座；贰号，金洋漆九龙宝座壹座；叁号，黄缎寸蟒坐褥壹个；肆号，金洋漆足踏壹个；伍号，紫檀边嵌玉玻璃宝座壹座（光绪十二年五月十二日，由伍号至八号，移在东路景福宫陈设）。”紫檀边镶玻璃宝座已于光绪十二年（公元 1886 年）五月十二日挪出，它去哪儿了呢？查遍整个家具库房，发现三友轩存有一座紫檀边镶玻璃宝座，但纹饰是松竹梅，与乐寿堂的蝠寿纹似乎不相符合。但故宫里只有这座紫檀边镶玻璃宝座，且乐寿堂明间对联有“庭前松竹霭春风”句，与宝座松竹梅纹饰相符，故这座宝座仍被列入乐寿堂明间原状文物之中。

紫檀边镶玻璃雕松竹梅宝座

乐寿堂的辉煌，我们可以让它重现了，明间中间置高大宽敞的须弥座式紫檀木地平，浮雕云蝠寿字纹，上设七扇紫檀边镶玻璃屏风，像巨帐一样展开，中扇是乾隆御书的《题乐寿堂》诗，

1 《乐寿堂陈设档》（陈 530，光绪年抄本），故宫博物院藏。

恢复了地平的乐寿堂明间

七扇屏风采用当时精湛的剔锡技术，将诗文对联、花卉显露出来，形成万紫千红的画面。屏风前是紫檀边镶玻璃宝座，宝座两侧立绚丽的七眼翎扇，前置角端和掐丝珐琅龙挂香筒。地平蹬道两侧设四座紫檀木香几，上置鼎炉。地平前东西两侧设雕云龙纹玉瓮和丹台春晓玉山，象征福海寿山。屏风宝座上悬挂着“与和气游”匾，两侧对联曰：“座右图书娱画景，庭前松竹霭春风。”四季鲜花盛开，庭前松竹永远沐浴在春风里，在乐寿堂里与和气畅游，何等惬意！

乐寿堂明间原状的复原，是着力于小空间的恢复，而紫禁城是一个大空间。紫禁城建于元大内之上，在这里，曾上演了三个大一统王朝的建都之梦。我想站在更高的视角来审视宫城和都城的原创规划，以阐明三个王朝的文化之源，解开元明清三代的正统传承。这也是我研究宫廷原状的使命。

第四章

揭示元明清三代的正统传承

我从研究原状宫殿陈设，进而到研究原状宫殿布局，二者是一脉相通的，它的背后都是儒家文化在支撑着这一切。都城的左宗右社、五门三朝、前朝后寝等，都是《周礼》《礼记》的结晶，是士大夫集团即后来的大学士集团根据《周礼》《礼记》及历代的传承记忆所营造出来的。因为都城规划的背后是礼，是对天地阴阳变化的认识，东汉张衡《东京赋》“昭仁惠于崇贤，抗义声于金商”，三国时人薛综注曰：“东方为木，主仁，如春以生万物，昭天子仁惠之德，故立崇贤门于东也；西为金，主义，音为商，若秋气之杀万物，抗天子德义之声，故立金商门于西。”而且都城营建的背后还是正统文化的继承。定都北京的三个大一统王朝是连续的，这在中国历史上从未有过，那么对正统文化的继承就显得十分重要。但这一切都隐藏在都城的背后。如果不弄清楚这三个王朝的正统之道，就不能破解北京城的建城密码。我深感欣慰的是，我发现了圆坻是元大都皇城的中心，是周文王灵台的再现，是元朝有天之命的象征。明代北京城遵南京城祖制，从而打破了元大都格局，形成了新的左文右武的都城格局，其背后是文武之道的体现。清代继承了明代的建筑遗产，并深化提升了其境界，赋予了仁义之道，所谓礼乐百年而后兴。

周代的三座正统建筑

《中庸》曰：“仲尼祖述尧舜，宪章文武。”儒家思想以尧舜为本，以文武为典范，何以此说？我在读《诗经》时，发现了三首诗特别有意思，一首《绵》，一首《灵台》，一首《文王有声》，这三首诗讲了三个王所建的三座建筑，第一座建筑是太王古公亶父所建的两座城门即皋门和应门，第二座建筑是文王所建的灵台，第三座建筑是武王所建的辟雍。这三座建筑在文化正统上非同凡响，可以说是孔子宪章文武的基础，而且还影响了几千年之后的元大都城。

《诗经·绵》曰：

> 绵绵瓜瓞，民之初生，自土沮漆。古公亶父，陶复陶穴，未有家室。
>
> 古公亶父，来朝走马。率西水浒，至于岐下。爰及姜女，聿来胥宇。
>
> 周原膴膴，堇荼如饴。爰始爰谋，爰契我龟：曰止曰时，筑室于兹。
>
> 乃慰乃止，乃左乃右。乃疆乃理，乃宣乃亩。自西徂东，周爰执事。

乃召司空，乃召司徒，俾立室家。其绳则直，缩版以载，作庙翼翼。

捄之陾陾，度之薨薨。筑之登登，削屡冯冯。百堵皆兴，鼛鼓弗胜！

乃立皋门，皋门有伉。乃立应门，应门将将。乃立冢土，戎丑攸行。

肆不殄厥愠，亦不陨厥问。柞棫拔矣！行道兑矣，混夷駾矣，维其喙矣。

虞芮质厥成，文王蹶厥生。予曰有疏附，予曰有先后，予曰有奔奏，予曰有御侮。

《周礼》记天子有五门，出自郑司农之口，郑玄注曰："郑司农云：王有五门，外曰皋门，二曰雉门，三曰库门，四曰应门，五曰路门。"郑玄根据《礼记·檀弓》所记鲁乱之际，闵公不敢居丧，既葬庄公而以吉服入宫，"而绖不入库门"即除丧而返，丧服不入宫而止于库门，说明库门是诸侯宫的最外门，为第一门。又《礼记·檀弓上第三》记："复于小寝、大寝、小祖、大祖、库门、四郊。"是说诸侯国君卒后，招

皋门应门图（采自松本愚山《五经图汇》）

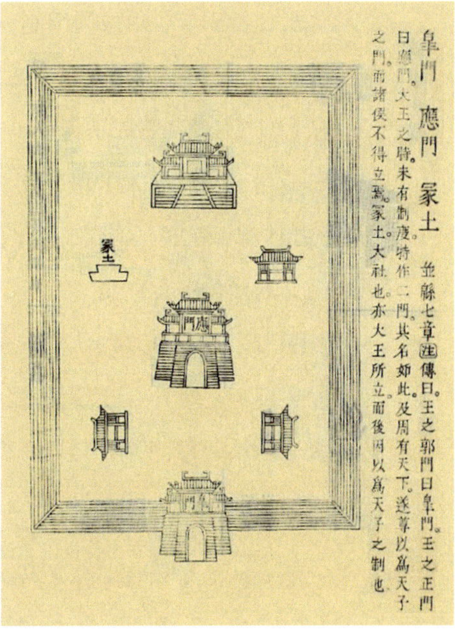

魂的先后顺序是从小寝开始，由内向外进行，出库门，再到四郊结束，所以库门是诸侯宫最外的门。而库门又相当于天子的皋门，故库门在雉门外。郑玄的五门排序是皋、库、雉、应、路。从此郑玄之说成为历代遵循的圭臬。但我有一个疑问：太王古公亶父不是天子，他怎么有了皋门和应门呢？又查《礼记·明堂位第十四》，郑玄注曰："天子五门：皋、库、雉、应、路。鲁有库、雉、路，则诸侯三门。"诸侯只有库门、雉门和路门，皋门和应门专属天子拥有。

为了把这一问题弄清楚，我继续查找，唐代孔颖达给出了解释，他说："冢土非诸侯之社，则皋、应非诸侯之门。故云王之郭门曰皋门，王之正门曰应门。是诸侯之郭门不得名皋门，诸侯之正门不得名应门也。大王实非天子，而以皋、应言之者，美大王作郭门以致皋门，作正门以致应门。言大王本作郭门、正门耳。在后文王之兴，以为皋、应门。虽迁都于丰，用岐周旧制，故云致得为之也。"[1]《绵》称太王郭门为皋门，正门为应门，是赞美之词，意思是太王的郭门很高大，正门很威严。后来武王统一天下，用岐周旧制，故定天子郭门曰皋门，正门曰应门。既然周天子用了此二门名，诸侯则不得使用。故朱熹说："大王之时未有制度，特作二门，其名如此。及周有天下，遂尊以为天子之门，而诸侯不得立焉。"[2]

《毛诗序》曰："《绵》，文王之兴，本由太王也。"清代方玉润《诗经原始》曰："《绵》，追述周德之兴始自迁岐，民附也。"文王的兴起，源于太王迁岐，百姓归附，是周有德的体现。方玉润《诗经原始》曰："此

1 ［汉］郑玄笺、［唐］孔颖达疏：《毛诗注疏》卷二三，"大雅"，清文渊阁四库全书本。
2 ［南宋］朱熹：《诗经集传》卷七，"大雅三"，清文渊阁四库全书本。

诗以地理言，曰‘自土沮漆’，曰‘至于岐下’，曰‘筑室于兹’，凡属宗庙社稷，莫不制画昭然。使非去邠逾梁，何以臣服戎狄？……然诗虽重地利，仍以威德为主。故后二章，一服混夷，一感虞、芮，王道大行，天下归心。”

使混夷臣服，使虞、芮感化，皋门和应门是周有天命的象征。

太王古公亶父的孙子姬昌即周文王，为了周代的兴盛，承祖父之志，他将都邑迁到丰，修建了灵台。

《诗经·灵台》曰：

经始灵台，经之营之。
庶民攻之，不日成之。
经始勿亟，庶民子来。
王在灵囿，麀鹿攸伏。
麀鹿濯濯，白鸟翯翯。
王在灵沼，於牣鱼跃。
虡业维枞，贲鼓维镛。
於论鼓钟，於乐辟雍。
於论鼓钟，於乐辟雍。
鼍鼓逢逢，矇瞍奏公。

《史记》记：“明年，伐崇侯虎。而作丰邑，自岐下而徙都丰。”《集解》徐广注曰：“丰在京兆鄠县东，有灵台。”[1] 灵台建于迁丰之后，按

1 ［汉］司马迁：《史记》卷四，页 153—154，中华书局，1987 年。

诗意，灵台是一处占地巨大的苑囿，不仅有麋鹿鱼鳖，还有离宫辟雍，但它与纣王的酒池肉林的沙丘不同，它是开放的，是允许百姓进入的，“文王之囿方七十里，刍荛者往焉，雉兔者往焉，与民同之。民以为小，不亦宜乎”，故《孟子·梁惠王章句上》曰：“文王以民力为台为沼，而民欢乐之，谓其台曰灵台，谓其沼曰灵沼，乐其有麋鹿鱼鳖。古之人与民偕乐，故能乐也。”文王建灵台是为了与民同乐，故建灵台时，百姓乐于出人出力，“庶民子来，不日成之”。文王的狩猎场纵横七十里，割草砍柴的人能去，打鸟捕兽的人也能去，文王与百姓一同享用，与民偕乐，百姓还觉得太小。而且仁德泽被及鸟兽鱼鳖，灵台里母鹿悠然自得地在水边吃草，鸟儿扇动着翅膀展示它那洁白的羽毛，鱼儿在水中畅游，所以《灵台》是在歌颂文王的仁德。

灵台也是文王有天命的象征，司马迁《史记》记：“明年，伐密须。明年，败耆国。殷之祖伊闻之，惧，以告帝纣。纣曰：‘不有天命乎？是何能为！’”《诗经·文王》亦曰：“文王在上，於昭于天。”出土的大盂鼎的铭文亦曰：“丕显文王，受天有大命。”

文王的儿子是姬发即武王，武王承父之志，迁都邑于镐，修建了辟雍，成为四方归服的中心象征。

《诗经·文王有声》曰：

> 文王有声，遹骏有声。
> 遹求厥宁，遹观厥成。
> 文王烝哉！
> 文王受命，有此武功。
> 既伐于崇，作邑于丰。

文王烝哉！

筑城伊淢，作丰伊匹。

匪棘其欲，遹追来孝。

王后烝哉！

王公伊濯，维丰之垣。

四方攸同，王后维翰。

王后烝哉！

丰水东注，维禹之绩。

四方攸同，皇王维辟。

皇王烝哉！

镐京辟雍，自西自东，

自南自北，无思不服。

皇王烝哉！

考卜维王，宅是镐京。

维龟正之，武王成之。

武王烝哉！

丰水有芑，武王岂不仕？

诒厥孙谋，以燕翼子。

武王烝哉！

把文王和武王放在一起来歌咏，说明文王有声，武王则传声，正如《中庸》所言“以王季为父，以武王为子，父作之，子述之。武王缵大王、王季、文王之绪，壹戎衣而有天下”，从太王古公亶父、文王，到武王，一脉相承，每次迁都，都给周带来了好运，至武王定都镐，则完成了统一天下的重任。

诗中称文王的功绩在于谋求百姓安宁。讨伐崇国，建都丰邑。丰邑有高大的城墙和宽阔而深深的城壕，四方诸侯来归附，这是文王有声的影响所至。武王秉承父业迁都至镐，以建置宏谋为缵承大计，清代学者方玉润《诗经原始》曰："此诗专以迁都定鼎为言。文王之迁丰也，'匪棘其欲'，盖'求厥宁'，以'追来孝'耳；然已兆宅镐之先声。武王之迁镐也，岂徒继伐，盖建辟雍以贻孙谋耳，又无非成作丰之素志。故文、武对举，并言文之心即武之心，武之事实文之事。自有日进于大之势，更有事不容已之机。文、武亦顺乎天心之自然而已，夫岂有私意于其间哉？《序》云'继伐'，固非诗人意旨；即《集传》所谓'此诗言文王迁丰，武王迁镐之事'，又何待言？盖诗人命意必有所在。《大雅》之咏文、武多矣，未有以丰、镐并题者。兹特题之，则必以建置宏谋为缵承大计。说者当从此究心以求两圣心心相印处，乃得此诗要旨。不然，泛言继伐，与诗无涉；即呆说丰、镐，于事又何益耶？"方玉润提出《文王有声》的核心在于文王"匪棘其欲"，盖"求厥宁"，以"追来孝"，所以武王迁镐，并非为了征伐，而是追念父王，修建辟雍以为后世子孙打算。所以文王之心即武王之心，二心乃顺乎天心。丰镐并题，二王相圣，弘溥仁德。

为何要对《绵》《灵台》《文王有声》这三首诗作一探索呢？目的是阐明正统的传承通过建筑载体更能昭然若揭。太王建皋门、应门，文王筑灵台，武王营辟雍，其实就是儒家树立的正统形象工程，背后隐藏的是仁德。

元大都圆坻与周文王灵台

在揭示元代所承袭的正统思想之前，我们要先弄清楚什么是正统。《周礼》记载，建都要建在地中，即天下的中心，所谓“日至之景尺有五寸，谓之地中，天地之所合也，四时之所交也，风雨之所会也，阴阳之所和也。然则百物阜安，乃建王国焉”，其方法是昼参诸日中之影，夜考之极星。北极星是天的中心，是众星拱卫之处，地中之日影与之对应。通过建都来确立天下中心，使之代代相传，这应是正统思想产生的最原始的起点，也是承天之道的缘起之处。

梁启超称“正统”滥觞于“大一统”之说，大一统是《春秋公羊传》提出来的，称：“元年者何？君之始年也。春者何？岁之始也。王者孰谓？谓文王也。曷为先言王而后言正月？王正月也。何言乎王正月？大一统也。”新名词“大一统”诞生了。何休注曰：“统者，始也，总系之辞。夫王者，始受命改制，布政施教于天下，自公侯至于庶人，自山川至于草木昆虫，莫不一一系于正月，故云政教之始。”统，何休解释为“始”，开始之义，与元、本、纪同义。按何休的解释，元年为天之始，春为岁之始，与《周易》所言天有四德为元、亨、利、贞所对应的春、夏、秋、冬是吻合的。大哉乾元，春统四季，根据宇宙气运周流的规律，春是万物之始，万物是从春天开始萌生的，从而才使天道流行贯通。讲大一统要从王正月开始，以体现新纪元的到来，百姓、万物又获得重生，天下通泰。故大一统里隐藏着一个价值原理，这个价值原理就是仁，只有仁才是道的永恒存在，因为“天地有大德曰生”，生是从春开始的，是天之仁德即元的体现。这就为后世的“正统论”奠定了德的基础。所谓承天命，所谓正统，不外乎是否遵循了儒家的仁德，仁德便是贞符，有了仁德，便可革故鼎新，穷变通久。当仁德成为正统的标准时，才会有韩愈、朱熹等人的道统观，才能保证道的永恒存在。故三代成为古人心中的理想时代，那时圣人在位，以德行仁，诞溥文德，对百姓不大声以色，不长夏以革，正心诚意推行仁政，王道大行。宋儒接续千年不传之道统，开万世道学之传，表章四书，跨唐越汉，上接三代统纪，彰明于宋朝。

北京成为大一统都城是从元代开始的。杨维桢《正统辨》称："道统者，治统之所在也。尧以是传之舜，舜以是传之禹、汤、文、武、周公、孔子。孔子没，几不得其传百有余年，而孟子传焉。孟子没，又几不得其传千有余年，而濂、洛、周、程诸子传焉。及乎中立杨氏，而吾道南矣，既而宋亦南渡矣。杨氏之传，为豫章罗氏、延平李氏，及于新安朱子。朱子没，而其传及于我朝许文正公。此历代道统之源委也。然则道统不在辽金，而在宋，在宋而后及于我朝。君子可以观治统之所在矣。"元代承袭了儒家道统，也就承袭了中华文明之命脉。

北京城是元、明、清三个大一统王朝的都城，我一直在想，要弄清楚这三个王朝之间的文化传承，如果从三个王朝的都城布局入手，可能更容易梳理清楚。

元大内遗存的建筑在故宫里不多，钦安殿是一座，浴德堂是一座。断虹桥是从大内外的周桥拆移过来的，不算元大内的建筑。要从元大内的遗存建筑来探寻宫城和都城的规划思想，存在着困难。因此，我们需要跳出元大内来审视。

元大都的宫城规划与其他王朝不同，太后宫兴圣宫和太子宫隆福宫不在宫城内，因此，皇帝居住的大内宫城和太后宫兴圣宫、太子宫隆福宫呈三足鼎立的布局，太后宫和太子宫并没有围绕宫城。那么，这三者谁是中心呢？或者，谁是它们的中心呢？

带着这样的问题，我开始考察三者的位置。站在团城处，左手方向是大内之地，右手方向是兴圣宫和隆福宫之区，背后是北海琼华岛，突然感觉到团城的重要性了，它好像才是这三者的中心。我马上回到办公室查找史料。元人陶宗仪对这个地方有详细记载，称：“太液池在大内西，周回若干里，植芙蓉。仪天殿在池中圆坻上，当万寿山，十一楹，高三十五尺，围七十尺，重檐圆盖顶。圆台址，甃以文石，藉以花茵，中设御榻，周辟琐窗，东西门各一间，西北厕堂一间，台西向，列甃砖龛，以居宿卫之士。东为木桥，长一百廿尺，阔廿二尺，通大内之夹垣。西为木吊桥，长四百七十尺，阔如东桥，中阙之，立柱架梁于二舟，以当其空，至车驾行幸上都，留守官则移舟断桥，以禁往来。是桥通兴圣宫前之夹垣。后有白玉石桥，乃万寿山之道也。犀山台在仪天殿前水中，上植木芍药。”[1]看得出来，圆坻是中心。圆坻是用砖石垒砌的一个圆台，四面环水，台上建有仪天殿，广十一间，这可了不得，它与大内正殿大明殿的间数是一样的，属最高等级。仪天殿为重檐圆盖顶，象征天。所谓仪天，就是皇帝到此祭天的地方。明代王祎《元故弘文辅道粹德真人王公碑》记：“甲午，成宗登极，命公召天师龙虎山，比至葳醮翠华阁及万岁山圆殿，竣事，锡赉优渥。”[2]大都城建成二十二年后，成宗皇帝登基，即在圆殿建醮做法事以答谢上天。圆坻东建木桥，长一百廿尺，约合 37 米，通大内夹垣，夹垣是于宫墙外修筑的一圈矮墙，在夹垣与宫墙之间设置一些官署或

1 ［元］陶宗仪：《南村辍耕录》卷二一，页 256，北京古籍出版社，1997 年。

2 ［明］王祎：《王忠文集》卷一六，“元故弘文辅道粹德真人王公碑并序”，清文渊阁四库全书补配文津阁四库全书本。

团城（元代圆坻）

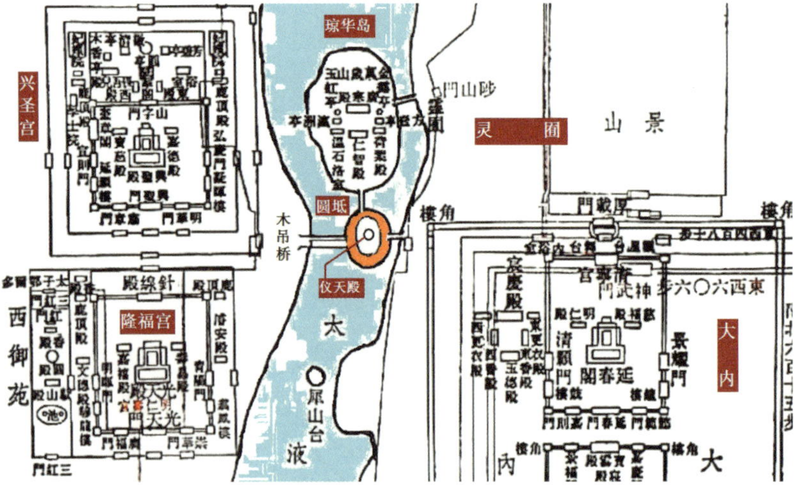

圆坻中心图（据朱偰《元大都宫殿图考》绘制）

守卫用房，俗称拦马墙。西为木吊桥，长四百七十尺，约合 145 米，当皇帝行幸上都时，吊桥放下即可通行，待皇帝过后，吊桥即移舟断桥，以绝往来。此桥直通兴圣宫夹垣。后为白石桥，长二百余尺，约合 62 米。圆坻四面环水，南为犀山台。圆坻被大内、兴圣宫、隆福宫、琼华岛、犀山台拱卫，居于中心。

皇帝登基时、行幸上都时，都要登上圆坻祭天，从它的位置来看，位于大内的西北，属乾位为天位，于此筑圆台，建重檐圆盖顶建筑以祭天，则是规划者的有意为之。亦符合《礼记·月令》所记“天子居青阳左个”，圆坻为明堂，那么大内就位于圆坻的东南即左个为青阳，故认为圆坻才是大都城规划的中心。

于此，我想起了林徽因《谈北京的几个文物建筑》中有关团城的一段话，她称团城是古代台的实例，“台本是中国古代建筑中极普通的类型。从周文王的灵台和春秋秦汉的许多的台，可以知道它在古代建筑中是常有的一种，而在后代就越来越少了。古代的台大多是封建统治阶级登临游宴的地方，上面多有殿堂廊庑楼阁之类，曹操的铜雀台就是杰出的一例。据作者所知，现今团城已是这种建筑遗制的唯一实例，故极可珍贵”。称其：“它是一个岛，在北海与中海之间。岛的北面一桥通琼华岛（今天仍然如此），东面一桥同当时的‘大内’连络，西面是木桥，长四百七十尺，通兴圣宫，中间辟一段，立柱架梁在两条船上才将两端连接起来，所以称吊桥。当皇帝去上都（察哈尔省多伦附近）时，留守官则移舟断桥，以禁往来。……现今的委屈地位使人不易感觉到它所曾处过的中心地位。”

圆坻四面环水，有桥通达，这正是周文王灵台的再现。

灵台是什么样子的呢？

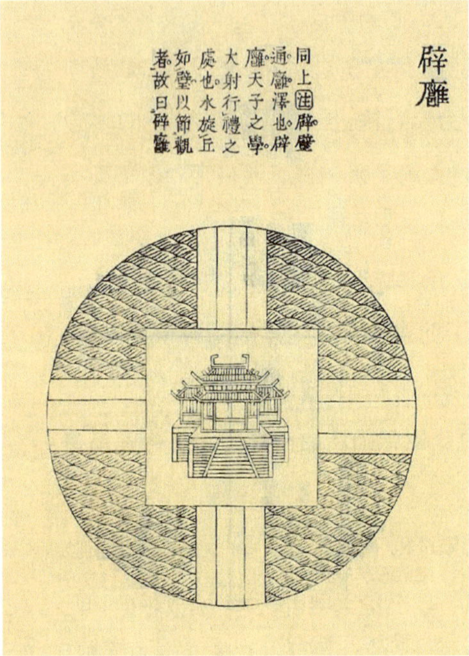

辟雍（采自松本愚山《五经图汇》）

《毛诗注疏》引《笺》云："天子有灵台者，所以观祲象，察气之妖祥也。文王受命而作邑于丰，立灵台。"灵台是文王受天命而于苑囿中建的一座祭天的圆台，东汉卢植《礼记注》认为灵台、辟雍、明堂是一回事，"明堂，即太庙也。天子太庙，上可以望气故谓之灵台，中可序昭穆故谓之太庙，图之以水似璧，故谓之辟雍。古法皆同一处，近世殊异，分为三耳"。周文王筑灵台，"於乐辟雍"，周武王"镐京辟雍，自西自东，自南自北，无思不服"，说明灵台四面环水，有桥通达四方，故又称灵台为辟雍。《毛传》曰："水旋丘如璧曰辟雍，以节观者。"《毛诗正义》曰："水旋丘如璧者，璧体圆而内有孔，此水亦圆而内有地，犹如璧然。"圆坻正是这样的形制。我认为圆坻有两层之义：一是象征周文王的灵台，表示大元受命于天，承天而治天下，奉儒家文化为正统；二是象征祭天的蒙古包，也就是说蒙古人在大都城的中心建了一座祭天的蒙古包。天是世界的主宰者，大汗是天命的秉赋者和执行者。

蒙古的兴起、强大与崇拜天神有关。《元史》记："元兴朔漠，代有拜天之礼。衣冠尚质，祭器尚纯，帝后亲之，宗戚助祭。其意幽深

忽必烈像

古远，报本反始，出于自然，而非强为之也。”[1] 崇拜天神出自蒙古的原始宗教情感，成吉思汗在统一蒙古各部落中又不断地强化了这种情感，大汗的权力被认为是天所授予，是天的唯一的代言者和权力的行使者。忽必烈统一中国后，接受了儒家的天命观。儒家的天命观是以《尚书》“天视自我民视，天听自我民听”为基础的，没有百姓的支持，天命是不存在的，天命观的背后是仁德。

文王能获得天命，是因文王“视民如伤”，爱护百姓，“不大声以色，不长夏以革”，故《诗经·维天之命》曰：“维天之命，於穆不已。於乎不显，文王之德之纯！”故忽必烈登基时，所下诏书称：“历数攸归，钦应上天之命；勋亲斯讬，敢忘烈祖之规？建极体元，与民更始。”[2] “与

1 ［明］宋濂等：《元史》卷七二，页 1781，中华书局，1976 年。

2 前揭《元史》卷四，页 64。

民更始”，出自《汉书·武帝纪》“朕嘉唐虞而乐殷周，据旧以鉴新，其赦天下，与民更始”，忽必烈上应天命，在创立新王朝之际即除旧布新之时，宣称要与民同乐，施仁与民。

钦安殿与朱棣迁都北京

紫禁城和北京城的布局是朱棣迁都北京时规划的。作为藩王的朱棣，按儒家的伦理传统，是没有资格做皇帝的。朱允炆是他的侄儿，他就更不应该从侄儿手中夺其帝位，如果这种情况发生了，儒家称其为“篡位”，是大逆不道。故方孝孺秉笔直言“燕贼篡位”而被杀。

藩王起兵夺位，存在着巨大的风险，首先违背了伦理道德，古代帝王的皇位传承主要是靠帝统即父死子继来延续的，如《诗经·文王》所记“文王孙子，本支百世”，嫡长子继承制是最佳的传承方式。朱元璋传给太子朱标，朱标死后传给太子朱允炆，父死子继，天经地义。其次，藩王起兵夺位，历史上都是被指责留骂名的，《孟子》称：“五霸者，三王之罪人也；今之诸侯，五霸之罪人也。”汉代的“七国之乱”，被斥责为阴谋叛乱谋反。诸侯叛乱是导致天下大乱的祸根。《明史·姚广孝传》记：“及太祖崩，惠帝立，以次削夺诸王。周、湘、代、齐、岷相继得罪。道衍遂密劝成祖举兵。成祖曰：‘民心向彼，奈何？’道衍曰：‘臣知天道，何论民心。’乃进袁珙及卜者金忠。于是成祖意益决，阴选将校，勾军卒，收材勇异能之士。燕邸，故元宫地，深邃，道衍练兵后苑中，穴地作重屋，缭以厚垣，密甃瓴甋瓶缶，日夜铸军器，畜鹅鸭掩其声。”道衍劝朱棣谋反，朱棣担心民心不站在自己这一边，民心所向即百姓拥护削藩之策的推行。要扭转这种向背，如道衍所言只

朱棣像（西藏布达拉宫藏）

能信天命。于是《明史》记载，朱棣起兵时，天降异兆，称："建文元年六月，燕府护卫百户倪谅上变。诏逮府中官属，都指挥张信输诚于成祖，成祖遂决策起兵。适大风雨至，檐瓦坠地，成祖色变。道衍曰：'祥也。飞龙在天，从以风雨。瓦坠，将易黄也。'"大风掀翻屋瓦，属正常现象，但道衍称这是吉兆，预示着飞龙在天，将更易黄瓦，则是祭起了天命大旗。

朱棣取得天下后，确实把自己取胜的原因归于天神所眷顾。永乐四年（公元1406年）因武当山两次出现榔梅结果瑞兆，朱棣特派遣道士陈永富到武当山答谢真武神的敕文中首次提到了真武翊卫国家一事，《大明玄天上帝瑞应图录》称："矧兹二年，两见其实，皆由高真翊卫国家，尔辈精意祝釐所致。兹特遣道士陈永富斋香诣高真道场，以答神灵。"又于永乐十年（公元1412年）下诏创建武当山真武道宫，说明建造的原因，文曰："武当天下名山，是北极真武玄天上帝修真得道显化去处，历代都有宫观，元末被乱兵焚尽，至我朝，真武阐扬灵化，阴佑国家，福庇生民，十分显应。我自奉天靖难之初，神明显助，威灵感应至多言说不尽。那时节已发诚心，要就北京建立宫观，因为内难未平，未曾满得我心愿。及即位之初，思想武当正是真武显化去处，即欲兴工创造，缘军民方得休息，是以延缓到今。如今起倩些军民，去那里创建宫观，报答神惠，上资荐扬皇考皇妣，下为天下生灵祈福。用工夫不多，至容易不难。特命隆平侯张信、驸马都尉沐昕等，把总提调管工官员人等，务在抚恤军民夫匠。"[1]

1 《武当山历代志书集注（一）·敕建大岳太和山志》，页100，湖北科学技术出版社，2003年。

又于永乐十三年（公元1415年）于地安门东北佑显宫修建真武庙，朱棣亲撰《御制真武庙碑》，文曰："肆朕肃靖内难，虽亦文武不二心之臣疏附先后，奔走御侮，而神之阴翊默赞，掌握枢机，斡运洪化，击电鞭霆，风驱云驶，陟降左右，流动挥霍，濯濯洋洋，缤缤纷纷，翕欻恍惚，迹尤显著。神用天休，莫能纪极。……顾惟北京天下之都会，乃神常翊相予于艰难之地，其可无庙宇为神攸栖，与臣民祝祈倚庇之所？遂差吉创建，崇殿修庑，缔构维新，亢爽高明，规模弘邃。"再次说明自己起兵时，得到了真武的护佑，故于京城建庙以为神攸栖之所，并下令对真武神行国家之礼，规定每年元旦、圣旦、三月三日、九月九日、朔望日，俱遣礼部太常寺上官到地安门真武庙行礼。

永乐十六年（公元1418年）十二月武当山真武道宫落成，朱棣赐名大岳太和山，亲撰《御制大岳太和山道宫之碑》，将真武神提高到先天之气之化生的高度，称："盖闻大而无迹之谓圣，充周无穷妙不可测之谓神，是故行乎天地，统乎阴阳，……陶铸群品，以成化工者，若极玄天上帝真武神是已。按道书神本先天始气，五灵玄老太阴天乙之化生。"又曰："肆朕起义兵，靖内难，神辅相左右，风行霆击，其迹甚著。"

可见朱棣对真武神不遗余力地大加鼓吹，目的就是为了借天神以示自己得位的合法性，强调天授神权，以洗白自己的"篡位"之名，并在《御制真武庙碑》中称"昔朕皇考太祖高皇帝，乘运龙飞，平定天下，虽文武之臣克协谋佐，实神有以相之"，真武护佑太祖，平定天下，说明此神是朱家的天命之神，朱棣得到此神的护佑登上皇位是合理合法的。

真武，又名玄武，因宋代避始祖赵玄郎之讳，改称真武。真武成为帝王合法性象征的神，由来已久。唐太宗李世民在玄武门发动兵变，杀死了太子李建成，夺取了帝位，兵变的地点是玄武门，无疑得到了玄武天神的护佑。宋太祖赵匡胤刚黄袍加身不久，天神于大内端明殿显灵，自称是“天都北极真武灵应真君”，告知太祖说看见了上帝的批鉴“闻有天下霸业侯王，尚或守据一方，未怀臣顺。近曾亲见上帝批鉴：‘并合归宋朝为一统，永昌万世帝王之业’”[1]，天都北极真武灵应真君即玄武天神也就是后来的真武神，它是宋太祖的天命之神。但李世民有杀兄逼父夺位之违背伦理的不孝不悌之举，赵匡胤有陈桥兵变胁迫孤儿寡母让位之为，所以这尊天神非同一般，他肩负着帝王的使命，是不合法继位者的舆论支撑。包括宋仁宗亦然，他本是宋真宗赵恒宠幸了章献明肃皇后刘氏的侍女所生，却被赵恒声称为刘氏所生，仁宗赵祯自然有此得位不正之忧，故《玄天上帝启圣录》称“朕举目，突见北方天门开，现红光数道，内有金甲裙琱拖一足，满空悠悠，向前而过，知是北方真武”[2]，仁宗遂下令于宫中建真武庙以为天神所佑。

朱棣借真武为自己正名，实与起兵时的燕王府里就有一座宫殿供奉着真武大帝有关，这座宫殿就是钦安殿。

钦安殿建于元顺帝，殿名由大臣陈达书写，《文章辨体汇选》记：“公姓陈氏，讳达，字元达，温之永嘉人，家婺之兰溪，妣江氏封温国夫人，而公沈氏出也。三岁而孤，伯母陈留郡夫人江氏鞠育之长大。年十五征入宿卫，二十学书于平章康里公库库，待制杜公本，学诗于张贞君天雨、马教授伯诚。年三十，书名于康里公上下。钦安殿成，在廷善

1 《玄天上帝启圣录》卷三，“宋朝一统”，《中华道藏》第 30 册，页 652，华夏出版社，2004 年。

2 《玄天上帝启圣录》卷二，“金殿金裙”，《中华道藏》第 30 册，页 646。

钦安殿

笔札者，咸书榜上进，独用公所进者。至正壬辰，擢端本堂司经，寻转正字，又迁文学。”[1]《(万历)金华府志》亦记：“陈达，字元达，兰溪人，自中之孙，父萍仕元为宣使。达自少征入宿卫，学书于康里子山、杜清碧。诏书钦安殿榜，称寺，擢端本堂司经。”[2] 按理说，新王朝都要改新殿名，为何朱棣迁都北京营建紫禁城，却单单保留了这座宫殿及殿

1 ［明］贺复征编：《文章辨体汇选》卷六八八，“墓表三”，清文渊阁四库全书本。

2 ［明］陆凤仪：《金华府志》卷一六，“陈达”，明万历刻本。

玄天上帝铜像

名呢？这引起了我的注意。太祖朱元璋曾说："盖我中国之民，天必命中国之人，以安之夷狄，何得而治哉！予恐中土久污膻腥，生民扰扰，故率群雄奋力廓清，志在逐胡虏，除暴乱，使民皆得其所，雪中国之耻。"[1]可想而知，当时恢复儒家文化传统是普天之下的共识，而朱棣竟然违背祖训，冒天下之大不韪，保留钦安殿，这必然有其重要的原因，就是因为钦安殿里供奉有玄天上帝。朱棣起兵时，正遇狂风大作，掀翻屋瓦，故就此推说是殿中真武显灵，为自己造声势，果真南下取得了成功，从而成为他的天命所在即所谓"天命神授"。故朱棣必视此神为自己的保护神，视此殿为神殿，是天命所依，故才有可能保留此殿及"钦安殿"名。

在紫禁城中轴上，我发现钦安殿是唯一的一座神殿，这在宫城历史上也是唯一的，这引起了我的思考，为何会这样？特别是在儒家文化影响下建造的宫城，这是绝对不可能出现的现象。"钦安殿现象"，其背后一定与朱棣有着特殊的关系，那就是钦安殿所供真武神是他的天命之神。正是因为钦安殿的天命禀赋，使它有了这个特权，最终居于中轴之上，使中轴成为永乐帝的天命之轴，也说明了紫禁城中轴与元大内中轴不是同一根中轴。清代乾隆帝应该深明此意,故题匾曰"统握元枢"。

明代北京城的左文右武

朱棣迁都北京，以钦安殿为天命之处确定中轴方向，但同时，他

1　《大明太祖高皇帝实录》卷二六，吴元年十月丙寅。

又遵祖制，按南京城及南京宫城形制营建北京城及宫城紫禁城，形成了左文右武的都城格局，李时勉《北京赋》称其曰："立大明之东西，割文武而制异。"大明即大明门，中轴以东是属文的建筑，中轴以西是属武的建筑。故文官办官衙署如宗人府、吏、户、礼、兵、工部、鸿胪寺、钦天监、太医院等布置于千步廊的东侧，属武的官署如中、左、右、前、后军都督府、太常寺、通政使司、锦衣卫等布置于千步廊的西侧，以明自己承祖制，行文武之道。

祖制指的是洪武二十五年（公元 1392 年）朱元璋的旨意，在改建宗人府、五府、六部和太常司官署时，朱元璋下令南京城要按东文西武进行规划布局："南方为离明之位，人君南面以听天下之治，故殿廷皆南向。人臣则左文右武，北面而朝，礼也。六部五府官署宜东西并列，其建六部于广敬门（按：洪武门）之东，皆西向；建五府于广敬门之西，皆东向。惟刑部掌刑已置于西北太平门之外，于是以宗人府、吏、户、礼、兵、工五部，列于广敬门之东；中左右前后五府、太常司列于广敬门之西，悉改造，令规摹宏壮，命主事高有常董其役。"[1] 朱元璋在营建南京城时，强调人君要南面而听天下，人臣则要按左文右武排序，北面而朝，这是礼的体现，故将宗人府、吏、户、礼、兵、工五部等文官官署布置于洪武门东侧，将中、左、右、前、后军都督府等武官官署布置于洪武门西侧，使整个都城形成了左文右武的格局，这是都城发展史上的创举。

何谓文武之道？

文武之道源于《论语·子张》："文武之道未坠于地，在人，贤者

1 《大明太祖高皇帝实录》卷二二〇，洪武二十五年八月癸酉。

识其大者。”朱熹注曰：“文、武之道，谓文王、武王之谟训功烈与凡周之礼乐文章，皆是也。”[1] 文武之道指的是文王、武王推行的礼乐典制。《中庸》“文武之政，布在方策”，称周文王、周武王的政治措施都记录在典籍中，“其人存，则其政举；其人亡，则其政息”，孔子感慨这样的人在世，这些政事就能实施，他们去世，这些政事也就废驰了。周公成就了文武之德，制礼作乐。周公之后，文武之道就废弛了。所以孔子想接续起来，故《论语 · 八佾》曰：“郁郁乎文哉！吾从周。”

行文武之道，就可以上接尧舜，宪章文武。《中庸》曰：“仲尼祖述尧舜，宪章文武，上律天时，下袭水土。辟如天地之无不持载，无不覆帱，辟如四时之错行，如日月之代明。万物并育而不相害，道并行而不相悖。小德川流，大德敦化，此天地之所以为大也。”孔子以尧舜之道为本，尧舜之道即仁道，《孟子 · 离娄章句上》曰：“尧舜之道，不以仁政，不能平治天下。今有仁心仁闻，而民不被其泽、不可法于后世者，不行先王之道也。”朱熹注曰：“先王之道，仁政是也。范氏曰：‘齐宣王不忍一牛之死，以羊易之，可谓有仁心。梁武帝终日一食蔬素，宗庙以面为牺牲，断死刑必为之涕泣，天下知其慈仁，可谓有仁闻。然而宣王之时齐国不治，武帝之末江南大乱，其故何哉？有仁心仁闻而不行先王之道故也。’”[2] 文武之道与齐宣王的“仁心”和梁武帝的“仁闻”没有关系，它本于尧舜的仁道，上遵循天时，下符合地理。就好像天地那样没有什么不能覆盖的，也没有什么不能承载的。又好像四季的交替运行，日月的相互照耀。万物共同生长而不相害，道路

1 ［宋］朱熹注：《四书集注》，“论语 · 子张第十九”，页 209，凤凰出版社，2005 年。
2 前揭朱熹《四书集注》，“孟子 · 离娄章句上”，页 294。

并行而不冲突。小德如河水一样长流不息，大德则可使万物敦厚纯朴。文武之道就像天地一样包容万物，“是故文、武兴则民好善，幽、厉兴则民好暴”。

文武建筑布局不仅体现了文武之道，也体现了古人对天下太平的美好向往。左文右武布局与天象壁星和奎星有关，壁星为北方七宿斗、牛、女、虚、危、室、壁之壁宿，最初它由四颗星组成方形，是天上的图书府，东边的两颗星称为东壁。紫禁城文华殿的对联曰：“西昆峙群玉之峰，宝气高腾册府；东壁耿双星之耀，祥辉遥接书林。”文华殿上应东壁二星。奎星为西方七宿奎、娄、胃、昴、毕、参、觜之奎宿，由十六颗星组成一个封闭的形状，是天上的武库。二者正好东西相望。

东壁与奎星图

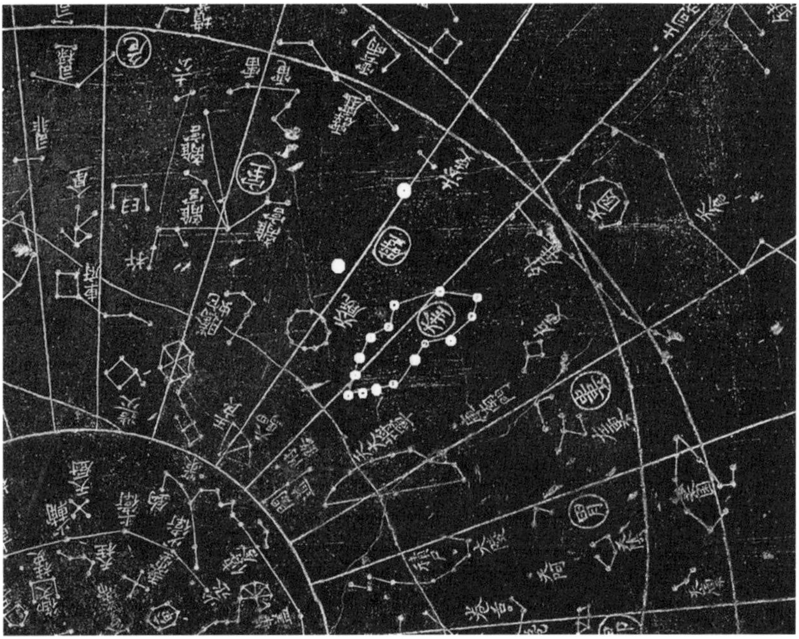

《礼记·曲礼下第二》曰："在府言府，在库言库。"郑玄注曰："官谓版图文书之处，府谓宝藏货贿之处也，库谓车马兵甲之处也。"[1]宋代陈祥道解释曰："《曲礼》曰：'在府言府，在库言库。'天文东壁为文府，西奎为武库。"[2]《晋书·天文志上》卷一一："西方。奎十六星，天之武库也。"

弓箭收于櫜鞬，兵器藏于武库，喻天下太平。《礼记·乐记》记："庶民弛政，庶士倍禄。济河而西，马散之华山之阳而弗复乘，牛散之桃林之野而弗复服。车甲衅而藏之府库，而弗复用。倒载干戈，包之以虎皮；将帅之士，使为诸侯；名之曰'建櫜'。然后天下知武王之不复用兵也。"何谓天下太平？民众不受苛政的压迫，士人的俸禄得到增加。放马南山，马再也不用来拉战车；放牛桃林，牛再也不为战争服役。把兵车战甲封藏于府库里，不再使用。盾和矛都倒着放着并包上虎皮。带兵的将领，都封为诸侯，故名曰"建櫜"，天下人都知道武王不再使用武力了，这才是圣帝明君的伟业。

"天不变，道亦不变"，既然天是这样的布局，大地上的都城也应该是这样的布局，紫禁城的文武布局象征着天上的壁星和奎星，是对天下太平的无限向往。

清代的体仁与弘义

《大清会典则例》记："顺治元年，定鼎燕京，上大清门牌额。二

1 ［汉］郑玄注、［唐］孔颖达疏：《礼记注疏》卷五，"曲礼下"，清文渊阁四库全书本。
2 ［宋］陈祥道：《礼书》卷三七，"库门"，清文渊阁四库全书本。

体仁阁

年定正中三殿名，殿前曰太和门，门之左曰昭德门，右曰贞度门，东庑之中曰协和门，西庑之中曰雍和门，太和门之后曰太和殿，殿之左曰中左门，右曰中右门，东庑之中曰体仁阁，西庑之中曰弘义阁。”[1] 清定鼎北京，前朝宫廷虽被保存了下来，但重要的殿名都进行了更换。顺治二年（公元 1645 年）将文昭阁（文楼）改称体仁阁，武成阁（武楼）改称弘义阁，文更易为仁，武更易为义，不仅继承了明代的建筑遗产，

1 《钦定大清会典则例》（乾隆朝）卷一二六，“工部·营缮清吏司·宫殿”。

而且在文理上亦继承了儒家文化传统。

孔子讲仁，孟子讲义，仁义是儒家思想的核心价值。《论语》中记载有关仁的话题大约有一百余条，其中孔子的弟子曾四次问仁是什么，如仲弓问仁，孔子曰:“出门如见大宾，使民如承大祭。己所不欲，勿施于人。在邦无怨，在家无怨。”樊迟问仁，孔子曰:“爱人。”不要把自己的欲望强加给别人，仁即爱人。孔子对颜渊说实行仁德，完全在于自己，难道还在于别人吗？泛爱众，而亲仁，由对亲人的爱推及他人，孟子说:“人皆有所不忍，达之于其所忍，仁也。”又说:“恻隐之心，仁也，羞恶之心，义也。”孔子曰:“志士仁人，无求生以害仁，有杀身以成仁。”孟子曰舍生取义，“义，人之正路也”。仁义是人所坚守的道德底线，故孔子说:“无终食之间违仁，造次必于是，颠沛必于

颜渊问仁（采自清代于敏中《圣迹全图》）

是。”仁在我们心中一刻都不能忘记，哪怕是仓促急迫的时候、颠沛流离的时候。

弘义，出自东汉班昭《女诫》：“夫妇之道，参配阴阳，通达神明，信天地之弘义，人伦之大节也。”弘义即大义。体仁，出自《周易》“君子体仁足以长人”，作为君子首先要有仁爱之心，才能够去教化他人，唐代孔颖达《周易正义》曰：“君子之人，体包仁道，泛爱施生，足以尊长于人也。仁则善也，谓行仁德。法天之元德也。”君子不仅心里要充满仁爱，而且要践行仁德，行仁德就是法天之元德。

孔子提出“克己复礼，天下归仁”，强调个人内心修养的重要性。宋代理学家称仁是天地之心，则把孔子之仁提高到了认识的本体之上。

老子认为天地本无仁心，所谓“天地不仁，以万物为刍狗”，则是冰冷而无温度的言辞。故到了宋代，以张载为代表的儒士提出要为天地立心。为天地立什么心呢？就是一颗仁心。朱熹把仁看成上天生成万物的那颗心，上天将仁心赋予人与万物，人与万物得此心为心，这个就是上天之德的表现。朱熹说：“盖仁也者，天地所以生物之心，而人物之所得以为心者也。惟其得夫天地生物之心以为心，是以未发之前四德具焉，曰仁义礼智，而仁无所不统。”[1]明代曹端《通书述解》称：“仁者，天地生物之心，而人所受以生者，为一心之全德，万善之总名。体即天地之体，用即天地之用；存之则道充，居之则身安。故孟子既以天之尊爵目之，复以人之安宅名之。”[2]故儒家的学说不仅充满高度，也充满了温度。

---

1 ［宋］朱熹：《朱文公文集》卷七七，“克斋记”，四部丛刊本。

2 ［明］曹端：《通书述解》卷下，“颜子第二十三”，四库全书本。

北京城的左文右武的格局，不仅强调了秩序，而且也为城市立了一颗仁心。

元代通过构筑圆坻，确立了儒家天命观，承接文王之灵台，与民更始，与民同乐。明代朱棣营建紫禁城，将象征自己天命的钦安殿置于紫禁城的中轴上，但仍遵循祖制，按南京城左文右武格局规划北京城，彰显了文武之道，宪章文武，祖述尧舜，以仁守天下。清代强调了文武之特质即仁义，弘扬正义，体现仁德，追求太和。三个大一统王朝，通过都城的建筑格局，演绎了儒家文化最精彩的篇章，提升了都城的境界。

这是我研究紫禁城原状布局的目的，起初我并不知道北京城、紫禁城左文右武格局背后还隐藏着如此深厚的儒家文化精神传统。之前对故宫藏品和建筑的研究是基于一种学术技术上的功夫，考证文物的真伪、讲清其历史沿革，一般来说，写论文就是把文献档案与文物一一对照，梳理其来龙去脉而已。就像古人所反对的，只记诵辞章，其功倍于小学而无用，又求于训诂章句之间，其于文义不能无时有所增益。所以古人强调读书、写作，在于究其大本，广大精微。

当我揭示出左文右武背后的文武之道时，我才知道了古代建造一座城的原因，才把城与儒家文化精神传统联系在一起，看到了城的生命，城的精神之魂。于是我也提升了自己，使自己的研究有了动力，因为仁也存在于我们每一个人的心里。不然，我为什么要研究故宫的藏品？我在故宫工作是为了什么？当我揭示出文物背后的儒家文化精神传统时，我的这些问题才得到了解释，才明白了古代建筑的伟大之处。因为揭示都城背后所隐藏的仁，也等于揭示了我内心隐藏的仁。

第五章

解开乾隆竟克考成的秘密

我在故宫整理原状宫殿文物，有一个强烈的感受，几乎所有宫殿里都有乾隆的影子，总会在不经意间发现这张案子是乾隆时期制作的，楼梯的墙壁上的贴落，一看落款是乾隆时宫中如意馆画匠画的，或者隔扇上的横披干脆就是乾隆的御笔题诗。再联想到他写过的四万余首诗，我相信这一切都是真实的。乾隆的一生，好像是他自己设计好的。他说执政六十年就归政，果然执政了六十年。他建立的十全武功，也在意料之中，称“昨准廓尔喀归降，命凯旋班师，诗有十全大武扬之句，盖引而未发”，今特作《十全记》一文以纪十全武功。乾隆四十年（公元 1775 年）时，于景福宫设“五福颂”屏，称“予曾为五福颂，以书屏而未以五福名堂者，盖引而未发，抑亦有待也”，期待五代元孙的降临，果然乾隆四十九年（公元 1784 年）得五代元孙于景福宫，于是在“五福”后增二字，将“五福堂”改为“五福五代堂”。乾隆五十五年（公元 1790 年），乾隆八旬，他决定从明年开始按照《尚书》中的五福排序举行茶宴联句，到乾隆六十年（公元1795年），正好为五福之末“考终命”，对自己的一生作一个圆满的总结。五福，即《尚书·洪范》所言“一曰寿，二曰富，三曰康宁，四曰攸好德，五曰考终命”，果然他顺利地联句到了“考终命”，五福齐备，得到了上天的眷顾。

他何以能竟克考成？是什么在支撑着他？

从乐善堂到倦勤斋的精神支柱

乐善堂：少年弘历的精神支柱

弘历十六岁时，被雍正赐居于圆明园桃花坞读书，自命书屋名曰“乐善堂”。桃花坞仿陶渊明《桃花源记》而建，被水隔绝，环境幽静。

弘历在乐善堂读书，正如他自己所言：“余生九年始读书，十有四岁学属文。今年二十矣。其间朝夕从事者，四书五经、《性理纲目》、《大学衍义》、《古文渊鉴》等书、讲论至再至三。顾质鲁识昧，日取先圣贤所言者以内治其身心，又以身心所得者措之于文，均之有未逮也。日课论一篇，间以诗歌杂文，虽不敢为奇辞诡论，以自外于经传儒先之要旨，然古人所云文以载道者。”他学习的都是圣人之言，在他小小的心中，树立了一个大志向，他要以大舜为榜样，于是小小年纪便写了一篇《乐善堂记》，文曰：

> 凡人之性，未尝不善，仁义礼智全备于我，所谓得天地之正气而为人也。然有智愚贤不肖之分者，气拘之，私诱之，遂日以蔽，锢而昏昧，有能复其性者，鲜矣。人能自强不息以复性为功，己有善念扩而充之，人有善事喜而从之，则本性呈露而有馨香之德

矣。是故明德之馨胜于黍稷、芝兰、鲍鱼，与之俱化，未有乐善而不能修德者也。余有书屋数间，清爽幽静，山水之趣，琴鹤之玩，时呈于前。菜圃数畦，桃花满林，堪以寓目。颜之曰乐善堂者，盖取大舜乐取于人以为善之意也。夫孝弟仁义乃所谓善也，人能孝以养亲，弟以敬长，仁以恤下，义以事上，乐而行之，时时无怠，则能因物付物，以事处事，而完所性之本体矣。是故大舜，圣人也。犹存虚受之心，闻一善言，若决江河。汉明帝尝问东平王："在国何事最乐？"王曰："为善最乐。"余虽不敏，然赖皇父之明训，师友之切磋，于大舜之善与人同，虽有志而未逮，而东平王之为善最乐，则不敢不勉焉，是为记。

弘历从人性本善立意，说明人人皆具备仁义礼智之质，是天的正气的禀赋。所以人有把善念推及他人的自觉行为，人们受此影响则从善如流。与人善为善，则本性呈露而有馨香之德，《尚书·君陈》称："至治馨香，感于神明。黍稷非馨，明德惟馨。"所以明德之馨胜于黍稷、芝兰、鲍鱼之美食。桃花坞景色优美，书屋前桃花满林，遂命名曰"乐善堂"。乐善，出自《孟子》所记"大舜有大焉，善与人同，舍己从人，乐取于人以为善"之意。弘历认为所谓善即孝悌仁义，孝能养亲，悌以敬长，仁以恤下，义以事上，四者是作为人的基本要求，人人乐于遵守，时时无懈怠，并付诸行动，就能回归到人的本性上来。孟子说："人之所不学而能者，其良能也；所不虑而知者，其良知也。孩提之童无不知爱其亲者，及其长也，无不知敬其兄也。亲亲，仁也；敬长，义也。无他，达之天下也。"人们不用学习就会做，这种能力叫良能；不用考虑就能知道，这是良知。幼儿没有不亲爱自己的父母的，等到他们长大后，没有不尊敬他们的兄长的。亲爱父母，这是仁；尊敬兄长，这是义。没有其他原因，这就是人之本性，普天之下都是这样的。大舜是善的人格化身，是圣人，他的最大优点，就是存有虚心接受之心，孟子说：“闻一善言，见一善行，若决江河，沛然莫之能御。”听到一句善良的话，亲见一次善行，就会像江河决堤那样去推行，没有什么能够阻挡。东平王刘苍是光武帝刘秀之子，年少时好读经书，气质高雅，才思敏捷。明帝刘庄做太子时便对这个亲弟弟非常钦佩，继位后对刘苍更加器重，拜为骠骑将军，留京辅政，位在三公之上。永平中，刘苍主持制定完善礼乐制度。明帝每次巡狩，刘苍则留京主持国政。不久，刘苍上疏退请辞归封地。汉明帝曾问东平王：“在你的封国里，什么事让你最快乐呢？”东平王说：“为善最快乐。”弘历引用东平王这则典故，就是要向东平王学习，称我虽然反应迟钝，然而有赖皇父的教导，与良师益友的交流心得，虽有像大舜那样善与人同的志向未实现，然而东平王的为善最乐，则不敢不尽力。

弘历的乐善堂，就是他学习大舜“乐取于人以为善”的地方，从

“乐善堂”匾

小读圣贤书，是圣贤的人格理想影响了他，让他有了善的理念。善是儒家文化的核心，也是个人立足社会的根基。从此善在他心中生根发芽，支撑着他走完人生的旅程。

雍正五年（公元 1727 年），十七岁的弘历成婚，被赐居于紫禁城乾清宫西二所，西二所成为他读书的地方。雍正十一年（公元 1733 年），弘历被封为“和硕宝亲王”，雍正十二年（公元 1734 年），弘历书写了“乐善堂”匾挂于西二所，匾为黑漆地金字，落款为“雍正甲寅嘉平月　吉旦”。乐善堂被搬进了紫禁城，青年弘历仍然坚守着他的理想。

重华宫：青年中年乾隆的精神支柱

雍正十三年（公元 1735 年）八月二十三日，雍正帝驾崩，九月三日黎明，弘历于太和殿即皇帝位，年号乾隆。原居住的西二所成为潜邸，按例升为宫，于是屡经缮治，耀以璇题。大学士鄂尔泰、张廷玉拟额名曰重华宫。重华之名出自《尚书·舜典》“帝舜曰重华”，重华是大舜的名字，孔颖达疏曰：“此舜能继尧，重其文德之光华。”尧舜乃上古的贤明帝王，舜继尧位，后人以尧天舜日比喻理想的太平盛世。大学士张廷玉、鄂尔泰拟此宫名，意在颂扬乾隆皇帝有舜之德，继位名正言顺，能使国家有尧舜之治。

重华宫沿用乾西二所的三进院落格局，重华宫位于中心，前殿曰崇敬殿，殿内正中悬弘历为和硕宝亲王时所书“乐善堂”匾，乾隆重新写了一篇《乐善堂记》：

昔《乐善堂集》中有所谓《乐善堂记》者，盖用此堂之名以名圆明园赐居桃花坞之堂而记，亦记彼处之胜与宫中此堂无涉也。

然彼时之乐善只数典汉东平王，以为亟今斯堂则为重华宫之前殿，不可以桃花坞堂之记概之。因思东平之乐善原数典于大舜，所谓乐取于人以为善也。兹适为重华宫之前殿，则今之乐善只宜景仰大舜之为，而不必更囿于东平之迹矣。夫大舜之取诸耕稼陶渔之善世远，固不可征而询岳咨牧。载在《虞书》者，彰彰可考，无非舍己从人，与人为善。而地平天成，庶绩咸熙，胥于是乎基之是，乃千古帝王之法则，而非藩服屏翰者所可相提并论，其事体大而责任重也。昔之效东平为甚易，今之企大舜为其难，是不可无记，以朝夕体之心而措诸政也，然而其志在，是其惭亦在是矣。

崇敬殿

乾隆首先点明此记与《乐善堂集》中的《乐善堂记》不同，彼记记的是桃花坞乐善堂，数典汉代东平王故事，此记所记乐善堂为重华宫前殿，故不能用桃花坞乐善堂记来概括之。新《乐善堂记》强调东平王之乐善原数典大舜，故桃花坞乐善堂名取大舜“乐取于人以为善”之意。今之乐善只宜景仰大舜之为，不必囿于东平王之迹。因为弘历的身份改变了，他要企大舜之为，故事体大而责任重，早晚心里都想着像大舜那样与人为善，然后措之于政，付诸实施，非过去效法东平王乐善那样容易了，所以乾隆说“然而其志在，是其惭亦在是矣”，志向虽在，但惭愧自己没有到达大舜那样熙世化民的程度。

新《乐善堂记》，就像一篇誓言，立志要做一个像大舜那样的圣帝明君，把国家治理好。所以，大舜仍然支撑着乾隆的精神。乐善堂成为重华宫的灵魂。

乾隆执政四十余年之后，他对自己有一个总结，看看离最初的志向还有多远，于是才下决心写一篇《重华宫记》，文曰：

> 宫殿之制，乾清坤宁二宫为紫微正中，左右各二永巷，每一永巷以次列三宫，斯为十二宫，其后东西以次各列五所，重华宫则昔之西二所也。雍正年间，予蒙赐居于此，即位后应升为宫，彼时大学士鄂尔泰、张廷玉拟以重华为额，虽颂之意耶！而规即在此，是以俞而称之夫！重华协帝，岂易言哉！必有所以敕几兴事，知人安民，而其本则在于审危微之心，执精一之中。是以四十余年，惟日孜孜，宵衣旰食，虽未致陨越，而于熙世化民究无所成。是故《纪恩堂之记》为于丙戌，《抑斋之记》作于辛卯，凡所以迟迟慎重者，恐有言行不符，致负初心耳。若夫《重华宫之记》自

不可阙，而其应慎重，又奚啻前二记之比哉！少而居之，长而习之，四十余年之政皆由是而出之。兹去归政之年亦只一记，然予犹是予也，政犹是政也，寰区犹是寰区也。而户口日以增，谷帛日以昂，养且不能，那更言教？蒿目焦心，难臻大当。回思居是宫，勤圣学而谈王道，不惟莫之有为，而竟失于无策，则是记也。亦自讼自责之章，益增惭愧。而已昔宋孝宗倦勤之后，所居号重华宫，此系近年观《武林旧事》而知者其名不约而同然。既为上，皇奚取重华之义，彼其之人，实非予所羡也。一记之后，将退居宁寿宫，亦不忍移此名于彼。盖宿学之所安，旧剑不能忘也。是以四十八年以来，元旦除夕无不于此少坐，新正与诸臣茶宴联句，率为例典。异日归政，或时一来临，更成佳话。其能践斯言与否，则敬俟昊苍之眷佑。今日之下，亦不敢预为侈谈也。

此记作于乾隆四十八年（公元1783年），这里是他年少时居住的地方，是他勤于圣学，谈论王道的地方，也是他年长后常常临憩的地方，四十余年所制定的政令都是从这里颁发的。乾隆还特别提到潜邸名重华宫与宋孝宗赵昚倦勤之后所居之宫同名，实属偶然，并非因羡慕他的宫殿而名之。也就是说重华宫之名另有一番意义。

大学士鄂尔泰、张廷玉名潜邸曰重华宫，虽是称颂之意，但意在把乾隆看成大舜那样的圣君，这无疑是严要求、高标准。要做到像大舜那样，太不易了，所以乾隆四十余年勤政爱民，始终抱守大舜所传之心法“人心惟危，道心惟微，惟精惟一，允执厥中”。人心是危险的，因为它被贪欲所蒙蔽，沉溺于恶习，其本性几乎丧失殆尽。而道心即天心却是精微的，所以要精研要专一，永远保持至诚之心。《大学》开

重华宫

篇就讲“大学之道，在明明德，在亲民，在止于至善”，要彰显天所赋予你的光辉的德行，发挥自身善的本性，把人的贪欲去掉，让本来天所赋予的德即善光明起来。当你把善施与他人的时候，你就达到了至善。所以大舜让位给大禹时，最后叮嘱道：“钦哉！慎乃有位，敬修其可愿。四海困穷，天禄永终。”要恭敬啊！慎重对待你的大位，敬行人民可愿的事。如果四海人民困穷，天的福命就将永远终止了。

经过这四十多年的努力，虽未达到熙世化民的程度，但感觉自己并没去贪图享乐，而是始终以大舜为学习的榜样，所以乾隆才敢写此《重华宫记》，此后，他将退居宁寿宫，那么，这篇记就成为他归政之前的最后一篇记，并作为对他中年的总结。

四十余年的执政生涯，正值乾隆中年时期即鼎盛时期，重华宫成为他这一时期的精神支撑。他“惟日孜孜，宵衣旰食”，循武公之志，体仁临民，“其本则在于审危微之心，执精一之中”，像大舜那样永远坚守天道，把善施与普天之下。

倦勤斋：老年乾隆的精神支柱

乾隆于三十七年至四十一年，花了四年的时间修建他的归政之宫宁寿宫，位于宁寿宫花园最北端的倦勤斋就点明了他归政的原因，“倦勤”出自《尚书·大禹谟》“朕宅帝位三十有三载，耄期倦于勤”，舜帝因为到老还在勤于政事，但又因年老不胜政事之辛劳，于是让位归

倦勤斋戏台

政，但归政的前提条件，是把天下治理好了，天下太平了。原来乾隆即位时曾对天立誓："昔皇祖御极六十一年，予不敢相比，若邀穹苍眷佑，至乾隆六十年乙卯，予寿跻八十有五，即当传位皇子，归政退闲。"[1] 表面上看，乾隆归政是因为皇祖康熙执政六十一年的原因，但实际上乾隆把自己的归政看成大舜那样的"倦勤"。

尧舜禹时代被认为是中国历史上最辉煌、最理想的时代，也是历代帝王们为之努力奋斗想实现的时代，那是一个圣王辈出的时代，它永远屹立于中国的历史长河之中。乾隆说自己执政六十年后，即效仿舜帝退位归政，也就是说，能像大舜那样归政，不仅仅是因为年老，更重要的是执政六十年，国家进入了太平盛世，实现了尧舜禹辉煌的时代，才有可能谈得上归政，如果国家不太平，恐怕连六十年也到不了，更谈不上归政。

乾隆效仿大舜年老归政，如果我们仅仅从年老不能胜任政事之繁忙的角度来理解乾隆的归政，那乾隆似乎太自私了。就像南宋赵构不顾收复失地，只图偏安一隅，急图内禅，自身享乐一样，但这是乾隆最看不起的，乾隆于《题乐寿堂》诗中自注云："宋高宗居德寿宫，自称乐寿老人。高宗未及耄期，急图内禅，意在避事偷安。余深鄙之。"乾隆在《倦勤斋作歌》诗中亦曰："斯有说焉俟他日，匪曰今敢图安晏。旰食宵衣犹恐懈，慎终如始应无间。"所以乾隆起早贪黑，还犹恐懈怠政务，行百里者半九十，越是接近归政，更要励精图治，自始至终，恪尽职守。故乾隆《倦勤斋》诗曰："耄斯未逮称勤倦，敢与重华拟比肩。"面对"户口日以增，谷帛日以昂，养且不能，那更言教？蒿目焦

1 《清实录·高宗纯皇帝实录》卷一〇六七，页 277，中华书局，1986 年。

心，难臻大当”之环境，恐有言行不符，致负初心耳。称“倦勤”之时，离归政还有二十余年，哪敢贪图丝毫享乐，惟日孜孜，宵衣旰食，审危微之心，执精一之中，故能与重华宫比肩。

名重华宫是为了学习大舜的善德，倦勤斋名意在归政，实际上也是为了学习大舜的审危微之心，执精一之中，因为归政的前提条件是国家治理好了，万民长寿了，故二者是一样的。

老年乾隆仍抱守“乐取于人以为善”的精神。

宁咸万国，寿先五福

在乐善堂、重华宫和倦勤斋的背后都有一个人的名字出现，那就是大舜。乐善堂代表了乾隆的少年和青年，重华宫代表了乾隆的中年，倦勤斋代表了乾隆的老年，不同的人生阶段，都有一个相同的追求，像大舜那样“乐取于人以为善”。

归政之宫宁寿宫建成后，乾隆写了一篇《宁寿宫铭》，宁寿本康熙帝所命名，以作为太后颐养天年的地方。乾隆非常喜爱“宁寿”二字，并赋予“宁寿”以新意：

> 宁咸万国，寿先五福。宫用题额，文叶义淑。于赫皇祖，奉养慈闱。孝惠爰居，爰曰延晖。小子践阼，兹历数年。设复廿岁，八旬五臻。敬思仁皇，卜号康熙。六十一载，今古诚稀。同以为艰，敢期过益？况值耄耋，归政理得。适是新宫，以待天庥。企余望之，愿可如不！授终奉懿，其礼自殊。斟酌损益，匪曰侈图。殿称皇极，重檐建前。宫仍其旧，为后室焉。执豕敬神，我朝旧制。异日迁居，礼弗敢废。清宁坤宁，祖宗所奉。朔吉修祀，宁寿斯踵。虽谢万几，

宁期九畿。始予一人，寿同黔黎。告我子孙，毋逾敬胜。是继是绳，永膺福庆。

乾隆站在一个很高的角度，阐释宁寿宫之义是“宁咸万国，寿先五福”。“宁咸万国”出自《周易》“万国咸宁”，意为天下太平；“五福”出自《尚书》“敛时五福，用敷锡厥庶民，惟时厥庶民于汝极”。“五福：一曰寿，二曰富，三曰康宁，四曰攸好德，五曰考终命。”是说帝王治理天下应遵循一定的法则，应将“五福”惠及于百姓，在五福中，寿排在第一位，所以赐给百姓应先赐寿。万民都长寿了，天下也就太平了。“天下太平，万民长寿”，故曰“宁寿”。乾隆在更早时候写的《乾清宫铭》亦是这种观点：“五福敷锡，万国咸宁。”《宁寿宫铭》中又说“寿同黔黎”，说自己与老百姓一样长寿，这就摆脱了追求自身长寿的局限性，这与西方极乐世界里众生平等，众生长寿何其相似。所以乾隆的一生以大舜为学习的榜样，做一个像大舜那样的人，把善施与普天之下。当万民都长寿了，那一定是天下太平的景象，也就是历代帝王梦寐以求的理想，进入了尧舜禹的辉煌时代。

当乾隆以大舜为学习的榜样时，他就超越了对自身长寿的追求，而是“寿同黔黎”，“亿万人增亿万年”。作为帝王，当你把善施给普天之下时，你也就是把寿施给了万民，这就是大舜的“乐取于人以为善”的精神——乾隆一生的精神支柱。

乾隆六十年元旦，乾隆八十五岁，重华宫屋里屋外张灯结彩，殿内挂上了吉祥喜庆的《岁朝图》，摆上了奇珍异宝装饰的盆景，喜气洋洋，载色载笑。虽然这一年是乾隆执政的最后一年，但并没有给他带来一丝忧伤和失落，他反而踌躇满志，第二天便召集大学士、九卿及

乾隆像

内廷翰林等至重华宫举办了最后一次茶宴。六十年圆满执政，正好是一个甲子，享用五福，五福中第五是“考终命”，故题曰“洪范九五福之五曰考终命联句有序”，意欲对“考终命”作新的解释。联句“旃蒙纾赋再三又，奄茂蠲糈千万斯”，注曰：“乾隆乙丑，我皇上以御极十年，普免天下正供钱粮。因国庆以普特恩，有纪事诗。嗣于庚寅、丁酉、庚戌复普免三次。稽之史牒蠲租赐复，或仅一隅，或仅免半，已夸为盛事。若我皇上六十年中，恩施稠叠至再至三，实旷古所未有也。”乾隆在位期间，三次普免天下百姓钱粮，又以三十年国庆，降旨普免七省漕粮，总计其数不止千万，这难道不是效法大舜“乐取于人以为善”吗？

乾隆以“丙辰职考成归政，上日鸿寰普福鳌”句作为联句的结束，称：“予以为终者，谓终其事即能尽其职也。《舜典》言‘正月上日，受终于文祖’，即始终其事之意。尧授舜而尧之事终，舜授禹而舜之事终。人君受命于天，能终其事即所谓考终命之福也。惟汉苞咸注《论语》‘天禄永终’，以天禄永长为吉语，与《洪范》互相发明。向于《经筵御论》中详申其义。明年元旦禅位嗣皇帝归政，予六十年抱蜀之职，竟克考成，幸符初愿。不特勋华授受，非出一家，即《竹书纪年》所载夏后不降之禅于弟后扃，而非禅子，亦不能如今日之吉祥。至唐，以从不得已而禅代者，更不足论矣。”“抱蜀”：蜀通镯，指持祭器，出自《管子·形势》:“抱蜀不言，而庙堂既修。”君子但抱祭器，以身作则，实行仁政，虽然手持祭器不说话，庙堂之政也会普遍地修明。乾隆说“终”指的是“终其事即能尽其职”，指做事要持之以恒，恪尽职守。《尚书》所记尧“受终于文祖”，是指尧从太祖那接过治理国家的重任,是肇始其事。尧禅位于舜,是说尧尽了职责。舜禅位于禹，是说舜尽了职责，把事做好了，做到底了。人君受命于天，能够坚持下来把事做到底,这就是所谓的“考终命”之福。汉代苞咸注《论语》“天禄永终”，认为“终”是长久之义，为吉语，符合《洪范》的本义。我于《经筵御论》中详细地表达引申了此义。明年元旦，将禅位嗣皇帝归政，予六十年抱镯之职，成就考终命，实现了初愿。夏后不降不禅位于子，而传位于弟扃，不如今日之吉祥。至于唐代，睿宗传位于玄宗，玄宗传位于肃宗，都是迫于形势，并非自愿归政，因此他们都不足称道。

恪尽职守，竟克考成，是因为乾隆慎终如始无间断，有始有终，一生以大舜为榜样，终其事即能尽其职也。

诠义书屏扆，将为出治模

朕主于宽

乾隆有了大舜的志向，我想，下一步他肯定是生于其心，发于其政，兴于其事，孔子说过“宽则得众，信则人任焉，敏则有功，惠则足以使人”，治理国家，首先要对百姓宽厚仁慈。查《清实录》，果然乾隆即位后，第一件事就是公布自己的施政思想，实录记雍正十三年八月二十三日子时，雍正病逝于圆明园，九月初三日清晨，弘历即皇帝位。十月初九日，乾隆召集庄亲王允禄、果亲王允礼、大学士鄂尔泰、张廷玉等总理事务王大臣，道出了自己的施政思想是“宽”，正式宣布要以宽治国：

> 治天下之道，贵得其中，故宽则纠之以猛，猛则济之以宽。而《记》称一张一弛，为文武之道。凡以求协乎中，非可以矫枉过正也。皇祖圣祖仁皇帝，深仁厚泽，垂六十年，休养生息，民物恬熙，循是以往，恐有过宽之弊。我皇考绍承大统，振饬纪纲，俾吏治澄清……此皇考之因时更化，所以导之于至中，而整肃官方，无非惠爱斯民之至意也。……兹当御极之初，时时以皇考之心为心，即以皇考之政为政，惟思刚柔相济……朕主于宽。[1]

乾隆总结了祖父二人的施政方针，康熙深仁厚泽，雍正肃清吏治，其目的都是为了慈惠爱民。但宽并不等于放纵不管，所谓宽者如兵丁之宜存恤，百姓之宜惠保，而非谓罪恶之可以悉赦，刑罚之可以姑纵，与庶政之可以怠荒而弗理。孟子说“尧舜之道，不以仁政，不能平治天下”，乾隆的主宽，实际上就是仁政，就是继承了道统，以仁为核心，治统才是永恒的。这也是他一生以大舜为榜样，像大舜那样“乐取于人以为善”的结果，一生主善为师。

1 《大清高宗纯皇帝实录》卷四，雍正十三年十月上。

国以义为利，不以利为利

我有晨读圣人书的习惯，圣人所讲仁义逐渐深入我心。《孟子·梁惠王章句上》记："孟子见梁惠王。王曰：'叟，不远千里而来，亦将有以利吾国乎？' 孟子对曰：'王何必曰利？亦有仁义而已矣。王曰何以利吾国？大夫曰何以利吾家？士庶人曰何以利吾身？上下交征利而国危矣。万乘之国，弑其君者必千乘之家；千乘之国，弑其君者必百乘之家。万取千焉，千取百焉，不为不多矣。苟为后义而先利，不夺不餍，未有仁而遗其亲者也，未有义而后其君者也。王亦曰仁义而已矣，何必曰利？'"

《史记》记："惠王三十五年，卑礼厚币以招贤者，而孟轲至梁。"孟子想施展一番抱负，使自己的理想能在魏国推行，但他的想法落空了。梁惠王劈头一句话就是问何以利吾国？这使孟子有所失望，但孟子还是给梁惠王讲了自己的主张，这就是千年传颂的"何必曰利，亦有仁义而已"，如果先利而后义，那么人人都会先争利，不争利便会不满足。故《大学》有"国不以利为利，以义为利也"。何为不争利呢？孟子继续对梁惠王说："王如施仁政于民，省刑罚，薄税敛，深耕易耨，壮者以暇日修其孝悌忠信，入以事其父兄，出以事其长上，可使制梃以挞秦、楚之坚甲利兵矣。"省刑罚，薄税敛，为仁政之大目，若能施仁政，则天下之民归之矣，君行仁政，则民得尽力于农田，而又有暇日以修礼义，是以尊君亲上而乐于效死，所以仁者无敌。当然梁惠王只会看到眼前的利益，对孟子的进言没有采纳。但孟子仍未死心。梁惠王死后，其儿子即位是为梁襄王，孟子又去见梁襄王，想说服梁襄王实施仁政，孟子见后，很是后悔，对人说："望之不似人君，就之而不见所畏焉。卒然问曰：'天下恶乎定？' 吾对曰：'定于一。' '孰能一之？’对曰：‘不嗜杀人者能一之。’‘孰能与之？’对曰：‘天下莫不与也。’”梁襄王仍如其父一般，对仁义之道不关心，只在意现实的时效，故问列国纷争，天下当何所定？没有敬畏之心。好生恶死，人心所同，故人君不嗜杀人，则天下悦而归之。梁襄王也让他伤心，遂离开了魏国。

孟子坚持自己的理想，摩顶放踵而为之，他希望仁义成为国家的价值观和国家执政的根本。

读了这几篇，我在想，有没有国君采纳了这个仁义之道，作为治理国家的最高道德标准呢？我想到了汉武帝。汉武帝与董仲舒的对话，正仿佛梁惠王与孟子的对话，但结果却完全不一样。

《汉书》记载了汉武帝与董仲舒二人之间的一场影响深远的对话，汉武帝问道：“夫五百年之间，守文之君，当涂之士，欲则先王之法以戴翼其世者甚众，然犹不能反，日以仆灭，至后王而后止，岂其所持操或缪而失其统与？固天降命不查复反，必推之于大衰而后息与？乌乎！凡所为屑屑，夙兴夜寐，务法上古者，又将无补与？三代受命，其符安在？灾异之变，何缘而起？”[1]五百年间虽尊先王之法，但终究免不了覆灭的命运，三代相受的法宝在哪？为何有灾异之变，它是由什么原因造成的？董仲舒回答道：“然则王者欲有所为，宜求其端于天。天道之大者，在阴阳。阳为德，阴为刑，刑主杀而德主生，是故阳常居大夏，而以生育养长为事；阴常居大冬，而积于空虚不用之处，以此见天之任德不任刑也。天使阳出布施于上，而主岁功，使阴入伏于下，而时出佐阳。阳不得阴之助，亦不能独成岁终，阳以成岁为名，此天

1　[汉]班固：《汉书》卷五六，“董仲舒传第二十六”，中华书局，1987年。

意也。王者承天意以从事，故任德教而不任刑。”[1] 指出要遵循天之阴阳之道，主德教而不实施严酷的刑罚。所谓“德教”，就是儒家提倡的仁德。后来汉武帝任命他做江都国的国相，在与江都易王刘非的对话中，董仲舒提出了这一千古名言：“夫仁人者，正其谊不谋其利，明其道不计其功。是以仲尼之门，五尺之童羞称五伯，为其先诈力而后仁谊也。苟为诈而已，故不足称于大君子之门也。五伯比于他诸侯为贤，其比三王，犹武夫之与美玉也。”仁者，其使命是让义正于天下，而不会去谋求自身的利益，让道明于天下，而不会计较所谓的功业，后世概括为“正谊明道”四字，南宋楼钥给予了极高的评价，称“正其谊不谋其利，明其道不计其功……是皆真得吾夫子之心法，盖深于《春秋》者也”[2]。

由此我想到了紫禁城漱芳斋有一块乾隆书写的“正谊明道”匾，是否千年之后，乾隆把董仲舒的“正谊明道”之儒家精神接续了起来？

将“正谊明道”悬于漱芳斋

百子门之北为乾西五所，其中西二所是乾隆的潜邸，《重华宫记》记：“重华宫即昔之西二所也。雍正年间，予荣赐居于此，即位后应升为宫，彼时大学士鄂尔泰、张廷玉拟以重华为额。”[3] 但乾隆改造潜邸时，仿唐玄宗改造潜邸兴庆宫的成例，把整个乾西五所都纳入改造计划之中，总名为重华宫，头所改造为漱芳斋，“正谊明道”匾就悬于漱芳斋前殿。

1 ［汉］班固：《汉书》卷五六，“董仲舒传第二十六”，中华书局，1987 年。

2 同上。

3 ［清］庆桂等编：《国朝宫史续编》卷五六，页 450，北京出版社，1994 年。

漱芳斋

漱芳斋是弘历即位后改造的第一座建筑。

造办处档案记载："（乾隆元年二月）初九日，太监毛团传旨，重华宫俟秋后再行收拾，钦此。于本年五月十八日，太监毛团传旨：重华宫不必俟秋，今拆造，现今预行备料，即择日开工修造，钦此。于本年五月二十七日，太监毛团传旨：着常保将重华宫样伺候看，钦此。……于本年六月十四日，员外郎常保持进，交太监毛团原呈览过头所装修样一张，因穿堂无隔断，画得夔龙门样圆光门样一张，交太监毛团呈览，奉旨：准照圆光门隔断做，钦此。"[1] 可知潜邸改造始于乾隆元年五月十八日，五月二十七日，出重华宫样图，六月十四日，头所即漱芳斋的装修细节已经出来了，穿堂安夔龙门一扇。

1 中国第一历史档案馆编：《清内务府造办处档案总汇》（下简称《总汇》），第 7 册，页 62，人民出版社，2005 年。

漱芳斋明间“正谊明道”匾

乾隆元年六月二十四日，“宫殿监督领侍苏培盛交御笔‘金昭玉粹’匾字本文一张，御笔‘正谊明道’匾字本文一张，传旨将此匾二面做杉木壁子糊锦边，钦此。于本年七月十一日，将做得糊锦边杉木壁子匾二面交首领夏安呈进讫”[1]，头所漱芳斋在七月十一日之前已改造完工，正式命名为“正谊明道”殿，说明乾隆将遵循儒家仁义传统治理天下，正其谊，明其道。

据嘉庆朝《国朝宫史续篇》记：“斋中高宗纯皇帝御笔匾曰‘正谊明道’。中设宝座。屏风上恭悬高宗纯皇帝‘正谊明道诗’，联曰：‘言动协规箴，惟敬作所；都俞垂典诰，主善为师’。”[2] 明间设屏风宝座，“正谊明道”匾悬挂于屏风宝座后的隔扇横楣上，屏风上有“正谊明道诗”和对联“言动协规箴，惟敬作所；都俞垂典诰，主善为师”。说明漱芳斋明间除了这块匾外，还有一扇屏风，重要的是屏风上有乾隆的《赋得正谊明道八韵》和一副对联，这对于研究乾隆的治国思想来说太重要了。“正谊明道”匾，我们找到了，档案也对上了，但屏风在哪儿呢？原来，1974 年改造漱芳斋为接待室时，将屏风挪到了后殿。

1 前揭《总汇》第 7 册，页 158。

2 前揭《国朝宫史续编》卷五六，页 458。

屏风为紫檀木刻《赋得正谊明道八韵》诗屏风，制作这扇屏风的档案，我也查到了，档案记：“（乾隆二十七年）五月十三日，郎中白世秀员外郎寅着来说太监胡世杰传旨：重华宫正谊明道现安三屏风上商系起下，另画万字回文花，拉道填金，心子磨平，另刻字。再两边画门，着收什线缝，钦此。于闰五月初八日，郎中白世秀员外郎寅着将正谊明道三屏风画得回文边样持进交太监胡世杰呈览，奉旨：照样准做，钦此。于六月初十日，郎中白世秀将另做得回文边花样填画泥金紫檀木三屏风一座持进安设讫。”[1]屏风上的诗写于乾隆二十六年，这样诗与屏风制作的时间对得上了。

屏风上的《赋得正谊明道八韵》诗曰：

天人三策对，帝命相江都。
爰致卒然问，惟陈卓尔谟。
道明功岂计，谊正利休图。
试譬鲁谘柳，堪知粤伐吴。
羞称五伯诈，较识一仁无。
终得骄王革，何妨谀相诬。
政经真法训，汉室最醇儒。
诠义书屏扆，将为出治模。

诗后落款“辛巳仲夏月御笔”即乾隆二十六年（公元 1761 年），左右两扇刻御制句“言动协规箴，惟敬作所”和“都俞垂典诰，主善

1 前揭《总汇》第 27 册，页 267。

为师”。

这首诗记述了董仲舒与汉武帝的天人策对，董仲舒否定了春秋五霸的所谓功业，提出了“正其谊不谋其利，明其道不计其功”的思想，汉武帝采纳了董仲舒的建议，独尊儒家，以仁义治理天下。在义与利，道与功的面前，董仲舒是汉代最纯粹的儒士。乾隆深情地写下这首诗，于二十六年之后再次强调“朕主于宽”,称“诠义书屏扆,将为出治模”，把治国之精髓书于屏风之上，作为治理国家的思想。不仅如此，乾隆还于屏风侧扇上题“言动协规箴，惟敬作所；都俞垂典诰，主善为师”，将大舜与益稷对话时发出的“都俞”君臣和谐之声联系起来，则上接圣王之德。“主善为师”，出自《尚书·咸有一德》:“德无常师，主善为师，善无常主，协于克一。”善，是圣王治理天下的心法。大舜与益稷、汉武帝与董仲舒，心心相印，道统千年相传。在此，乾隆心领神会，致知力行。

文渊阁《四库全书》的编修

《尚书·舜典》记大舜:“协时月正日，同律度量衡。修五礼、五玉、三帛、二生、一死贽。……帝曰:‘俞，咨！禹，汝平水土，惟时懋哉！’禹拜稽首，让于稷、契暨皋陶。帝曰:‘俞，汝往哉！’帝曰:‘弃，黎民阴饥，汝后稷，播时百谷。’帝曰:‘契，百姓不亲，五品不逊。汝作司徒，敬敷五教，在宽。’”大舜慎徽五典，五典克从，纳于百官，百揆时叙，任用禹、稷、皋陶等贤臣，敷于四海，敬授天时，制礼作乐，于是诞敷文德，庶尹允谐，庶绩咸熙，取得了文治隆盛的成就，故《尚书》称大舜浚哲文明，温恭允塞。乾隆以大舜为榜样，那么他要达到什么样的文治境界呢？

《四库全书》的编修，无疑是乾隆竟克考成交出的一份满意的答案。

《四库全书》编修的缘起

乾隆二十七年（公元1762年），在承德避暑山庄鹫云寺东北修建了一组园林建筑秀起堂，其中有一书屋名经畬书屋，面阔七间，进深三间，简朴如柴扉，其位置，傅清远《承德避暑山庄》描述道："经畬书屋和门殿东邻的敞厅，坐落在两个小峰之上。位于南面的爬山廊依山势而建，在东西50余米的距离内，高差达8米，转折有6处之多。其中，由宫门向东的廊出两间便急转直下，在仅仅11米的水平距离内，为顺应山势而四次90度转折，然后36级台阶攀达经畬书屋。"《钦定热河志》称："西峪中峰，特起列岫，层峦奔趋，拱极据峰为堂，备揽诸胜。其始循崖而上者曰经畬书屋，芸香霏座，恍如宛委藏书。"[1]经，指经书，畬，指田地，《说文解字》释畬为"三岁治田也"。经畬书屋意为耕读书屋，建在山峰之上，象征大禹的宛委藏书。宛委，指会稽山，上有石匮，又称石匮山，传说禹曾得金简玉字于此山。乾隆二十七年《经畬书屋》曰："面山书屋号经畬，咏有山泉阅有书。不是研田拟唐垦，欲因义路效儿锄。五车学富何希彼，两字君难足起予。几度来来消几刻，个中安得乐三余。"乐三，即三乐，出自晋代葛洪《抱朴子·释滞》"带索蓝缕，茹草操耜，玩其三乐，守常待终"。经畬书屋有山泉从屋前流过，环境幽静，在此校阅经书，就像是在耕耘。

为广罗天下之书藏之天府以佐文治，乾隆三十七年（公元1772年）

1 ［清］和珅等编撰：《钦定热河志》卷三八。

下发了一道谕旨，称:“朕稽古右文，聿资治理。几余典学，日有孜孜。因思策府缥缃，载籍极博，其巨者羽翼经训，垂范方来，固足称千秋法鉴。即在识小之徒，专门撰述，细及名物、象数，兼综条贯，各自成家，亦莫不有所发明，可为游艺养心之助。然或逸在名山，未登柱史，正宜及时采集汇送京师，以彰千古同文之盛。其令直省督抚、学政加意购访，量为给价，家藏钞本，录副呈送。庶几藏在石渠，用储乙览。四库七略，益昭美备，称朕意焉。”[1]那些阐释名物、象数等之书，或自成一家，莫不有所发明，但有的藏之民间、名山，未进入登柱史（即国家图书馆）。

乾隆三十八年（公元1773年）《经畲书屋即事》:“遗书搜索佐文治，大典因题永乐时（昨下诏访求遗书，安徽学政朱筠言翰林院贮有《永乐大典》，中多秘籍，及检阅，果然。惜其依韵旁罗，贪多滥列，体裁不能精当，因派翰林等分校，命内廷大学士等总其成。悉取《大典》所载完善本及内府旧储、外省采购各种，详为校勘，分别应刊应抄。按经、史、子、集分部录目，名曰《四库全书》，并取《大典》所载世所罕见之书，以次呈阅，仍酌其醇驳题诗卷端，评正之）。特简纶臣任总校，并抡翰苑各分司。十年为限程宽矣，四库虽殊经本之。士不通经不足用，况予身系作君师。”原来，乾隆三十七年下令访求遗书以佐文治的谕旨发下去后，安徽学政朱筠献言称翰林院所藏《永乐大典》中的许多完整秘籍可供阅览。遂有将《永乐大典》中的完整善本和外省采购的书籍，按经、史、子、集四库目录编排的想法，这便是《四库全书》的雏形架构。而这种想法就是在经畲书屋里产生的。于是下

1 《清史稿》，“志一百二十七・艺文一”。

令翰林学士分校，内廷大学士负总责，对《永乐大典》所载完整善本、内府旧藏善本和外省采购之书进行校刊和编目。

天未丧斯文，故于象征大禹宛委藏书的经畬书屋萌生了编修《四库全书》的想法。那么，《四库全书》不就是大禹的石匮之书吗？

确立四库体例的正统地位

乾隆三十八年《经畬书屋即事》透露出编修《四库全书》的信息后，同年乾隆又作《命校永乐大典因成八韵示意（有序）》诗一首，在诗中乾隆作了编修方向的确定，要继承汉唐以来编修儒家经典的传统，编修一套《四库全书》，以囊括天下儒家书籍，确立《四库全书》的正统地位，并指出了《永乐大典》编纂的缺陷和不足，诗曰：

> 翰林院署庋有《永乐大典》一书，盖自皇史宬移贮者，初不知其名也。比以搜访遗籍，安徽学政朱筠以校录是书为请，廷议允行，奏既上敕取首函以进见，其采掇搜罗极为浩博，且中多世不经见之书。虽原册亡什之一，固不足为全体累也。第彼别部区函，意在贪多，务得细大不捐，而编韵分字踳杂不伦，则由当时领书局者惟一姚广孝，因而滥引缁流，逞其猥琐之识，雅俗并陈，举释典道经悉为阑入，其奚当于古柱下史藏书之义乎？因命内廷大学士等为总裁，抡选翰林官三十人分司校勘。先为发凡起例，俾识所从事芜者、芟之厖者、厘之散者、裒之完善者、存之已流传者，弗再登言二氏者，在所摈取精择醇，依经史子集为部次，俟其成，付之剞劂，当以《四库全书》名之。夫四库之目，始于荀勖，而盛于唐时，自来志艺文者，大都以是为准。较原书斤斤于韵字之

末者，纯驳何啻霄壤于以广金匮石室之储。用嘉惠来学，讵非万世书林之津逮而表章阙佚之，余为之正其名，而订其失，又讵非是编之大幸乎？系以诗而序之识始事也。

大典犹看永乐传，搜罗颇见费心坚。

兼收释道欠精核，久阅沧桑惜弗全。

未免取裁失踳驳，要资稽古得寻沿。

贪多遂致六书混（每一字下，泛及篆隶行草各体，如同一东字形，而一指为米芾之东，一指为赵孟頫之东，类此者，不可胜举，更无谓矣），

割裂都缘正韵牵（其分字，一依《洪武正韵》次序，既多凌舛，且《易》先蒙卦，《诗》先大东，《周礼》先冬官，皆因韵散附，尤乖经体）。

彼有别谋漫深论（或云永乐以篡夺而得位，恐世人讥议之，因集海内能其文者编辑是书，故所用几千余人，欲藉以疲其力而箝其口。姚广孝乃其佐命，遂令专董其事，亦犹宋太宗身有惭德，因集文人为《太平御览》《太平广记》《文苑英华》三大书以弭草野之私议。然千秋公论自在，又岂智术之所能掩覆乎），

我惟爱古命重编。

词林排次俾分任，纶阁铅黄更总研。

何不可征惟杞宋，宁容少误致天渊。

崇文藉以备四库，摛什因而示万年。

《永乐大典》贪多滥列，造成大篆、小篆、隶书、楷书、草书和行书六书混乱。特别是“用韵以统字，用字以系事”的编书原则，踳杂不伦，

多凌舛，打乱了经书文本次序。儒家经典的编修任用出家人担任总编纂，将佛、道、小说、杂戏等收入其中，逞其猥琐之识，雅俗并陈，与传统编书原则背道而驰。但《永乐大典》也有优点，搜罗了众多书籍，罗列了众多史料，保存了众多善本。针对《永乐大典》的编纂特点，乾隆下令，将其中的完整善本均收入新编《四库全书》之中，除此之外，四库所收书籍还有内府所藏书籍、外省所购书籍、藏家所献书籍和借抄书籍等。责令内府组织人员，设立编修团队，制定凡例，有章可循。释道书籍不列入编修范围。取精择醇，按经史子集为部次编修。

秦始皇“焚书坑儒”，大量的儒家书籍付之一炬，汉代鉴于秦亡教训，大开献书之路，倡兴文教，《汉书》记：“汉兴，改秦之败，大收篇籍，广开献书之路。”[1]刘歆时，内府藏书充栋，他将这些书籍按分类进行编辑而成《七略》。所谓《七略》即《辑略》《六艺略》《诸子略》《诗赋略》《兵书略》《术数略》《方技略》七种。魏晋荀勖，东晋李充又先后以甲、乙、丙、丁四部总括群书。隋唐后延用，《新唐书》记载：“两都各聚书四部，以甲、乙、丙、丁为次，列经、史、子、集四库。”[2]这便是四库的由来，故乾隆说“夫四库之目，始于荀勖，而盛于唐时”。而《四库全书》则正式将经、史、子、集作为丛书之名，是将历代的编书传统固定化，既囊括了所有儒家书籍的种类，又体现了正统的柱下史藏书之义，也体现了儒家书籍的源与流，成为儒家文化思想的遗产宝库和载体。《高宗实录》记载：“以翰林院旧藏《永乐大典》详加别择校勘，其世不经见之书多至三四百种，将择其醇备者，付梓流传，

1　前揭《汉书》卷三〇，“艺文志十”。

2　《新唐书》卷五七，“艺文志第四十七”。

余亦录存汇辑，与各省所采及武英殿所有官刻诸书，统按经、史、子、集编定目录，命为《四库全书》，俾古今图籍荟萃无遗，永昭艺林盛轨。”[1]

四库藏书楼定名之义

《四库全书》是收集天下儒家各种书籍而汇编的大型丛书，主要是江浙地区的藏书，《清史稿》记：“四方竞进秘籍甚众，江浙督抚采进者达四五千种，浙江鲍士恭、范懋柱、汪启淑，江苏马裕家藏之籍呈进者，各六七百种，周厚堉、蒋曾莹、吴玉墀、孙仰曾、汪汝瑮等亦各进书百种以上，至是天府之藏，卓越前代，特命纪昀等撰《四库全书总目》，着录三千四百五十八种，《存目》着录六千七百八十八种，都一万二百四十六种。”[2]

乾隆三十九年（公元 1774 年），四库写书达十六万八千册，抄写四份，分庋于紫禁城文渊阁、圆明园文源阁、奉天文溯阁、热河文津阁，并简选精要，由武英殿刊版颁行。此次分庋地点均在北方，有满洲的发源地奉天和重要的秋狝狩猎接见蒙古王公大臣地热河，可见乾隆把这一巨大的文化成果，首先献给了祖先，使儒家经典广布流传，深入教化，以光文治。乾隆四十七年（公元 1782 年），下令再续缮《四库全书》三份，分别庋于扬州大观堂文汇阁、镇江金山寺文宗阁、杭州圣因寺玉兰堂文澜阁，限于六年内，按期蒇事。这三处庋书之地皆在江南，乾隆认为：“因思江浙，为人文渊薮。朕翠华临莅，士子涵濡教泽，乐育渐摩，已非一日，其间力学好古之士，愿读中秘书者，自

1 《大清高宗纯皇帝实录》卷九二九，乾隆三十八年三月丁巳。

2 《清史稿》，“志一百二十七 · 艺文一”。

文渊阁

不乏人。……俾江浙士子，得以就近观摩誊录，用昭我国家藏书美富，教思无穷之盛轨。”[1] 编修《四库全书》，江南藏书家贡献最巨，这也是对江南读书人的回报。

紫禁城文渊阁、圆明园文源阁、奉天文溯阁、热河文津阁、扬州大观堂文汇阁、镇江金山寺文宗阁、杭州圣因寺玉兰堂文澜阁，所藏《四库全书》的七座建筑皆以水喻之，乾隆《御制文源阁记》曰：

1 《大清高宗纯皇帝实录》卷二二，乾隆四十七年七月初九日甲辰。

藏书之家颇多，而必以浙之范氏天一阁为巨擘。因辑《四库全书》，命取其阁式以构庋贮之所。既图以来，乃知阁建自明嘉靖末，至于今二百一十余年，虽时修葺而未曾改移。阁之间数及梁柱宽长尺寸皆有精义，盖取天一生水、地六成之之意，于是就御园中隙地，一仿其制为之，名曰文源阁，而为之记曰：文之时义大矣哉，以经世，以载道，以立言，以牖民。自开辟以至于今，所谓天之未丧斯文也。以水喻之，则经者文之源也，史者文之流也，子者文之支也，集者文之派也。派也，支也，流也，皆自源而分；集也，子也，史也，皆自经而出。故吾于贮四库之书首重者经，而以水喻文，愿溯其源，且数典天一之阁，亦庶几不大相径庭也夫！[1]

七阁以水喻之，受浙江宁波范氏藏书楼天一阁的影响，其建筑形式亦仿制天一阁。天一，即“天一生水，地六成之”之义。

文之时义在于经世、载道、立言和佑民。自天地开辟以来至于今，天没有让这些文化丧失不传，故而成就了今天《四库全书》的编纂。如果说天一阁取水之义在于水能克火和水生才，那么乾隆对水的认识则超越了天一阁之义。乾隆认为七阁以水喻之，不仅仅是为了藏书，而是为了说明经、史、子、集四者的关系及文化的源远流长。经是文之源，史是文之流，子是文之支，集是文之派。派，支，流，皆自源而分出，故集，子，史，皆自经而出，经是根本，强调了经是文化的源头，所有一切皆出于此。

1 ［清］于敏中等：《钦定日下旧闻考》卷八一，页 1360，清文渊阁四库全书本。

与大舜制礼作乐比肩

《四库全书》是对儒家文献的全面整理和总结，据文津阁藏本，共收录 34624 种图书，共计 79338 卷，36000 余册。故乾隆说："盖以古今数千年，宇宙数万里，其间所有之书虽夥，都不出四库之目也。"

文渊阁楼上明间正中设有一南北相对的御榻，中间用书格分开，座位三面设栏杆，内辅坐褥靠背和迎手。靠垫背后的楠木板壁上前后刻《题职官分纪》和《题宋版春秋分记》诗二首。每次到文渊阁楼上，我都要琢磨琢磨乾隆设计此座和刻这两首诗的用意。此座实用性不强，不是他到此看书的地方。有一天我突然想明白了，此座应是象征性的，象征他是《四库全书》的守护者。后来，这两首诗我也弄明白了，它是破解乾隆编修《四库全书》的关键。

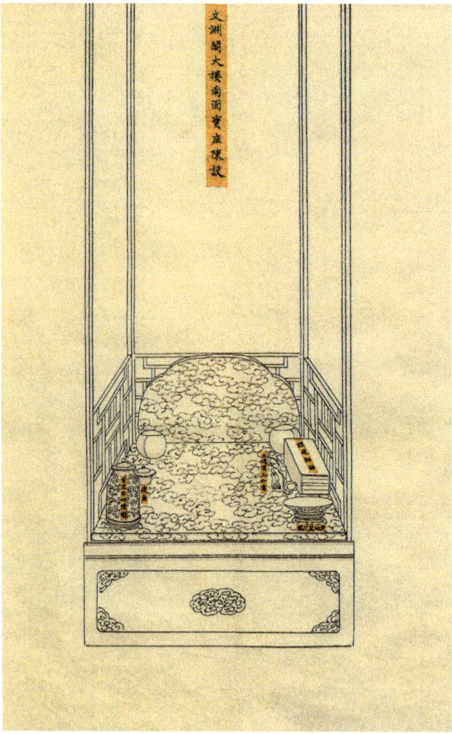

清代文渊阁二层明间正中南向御榻样图（台北"故宫博物院"藏）

北向御榻靠垫背后的楠木板壁上所刻《题宋版春秋分记》诗曰："分记原通记，尊王义寓中。年经国为纬，外抑内斯崇。统万乃惟一，会殊则以同。稀珍传宋椠，遣暇可研穷。《题宋版春秋分记》，乙未新正月下澣御制。"乾隆借宋代程公说《春秋分纪》一书，是为了推明春秋大义，强调文化上的大一统。

南向御榻靠垫背后的楠木板壁上所刻《题职官分纪》诗曰："立政惟人义岂磨，股肱喜起敕几歌。古今制异难沿袭，襄赞职同在协和。经史历编无不备，缥缃独弃有堪多（是书为宋孙逢吉撰，本杨侃《职林》而推广之。凡官职之古今异制不相沿袭者，俱分目编次，不强为附合。体例最称精审，征引史传，亦极详博）。双松书屋东皋隐（此皆蒋曾罄家藏书处，既以隐居为志，即不必寓意于纪职官之书，因戏诘之），弗出对扬又以何。《题职官分纪》，乙未仲春月上澣御笔。"

孙逢吉《职官分纪》重在阐明宋代政制与《周官》典制的渊源关系，确立其正统地位。乾隆《题职官分纪》则重在强调为政在人，虽然古今官制相异，但职责却是一样的。"股肱喜起"，出自《尚书·益稷》："帝曰：'臣作朕股肱耳目。予欲左右有民，汝翼。予欲宣力四方，汝为。予欲观古人之象，日、月、星辰、山、龙、华虫，作会；宗彝、藻、火、粉米、黼、黻、絺绣，以五采彰施于五色，作服，汝明。予欲闻六律五声八音，在治忽，以出纳五言，汝听。予违，汝弼。汝无面从，退有后言。钦四邻！庶顽谗说，若不在时，侯以明之，挞以记之，书用识哉，欲并生哉！工以纳言，时而扬之，格则承之庸之，否则威之。'"

大舜能完成制礼作乐，在于任用了贤臣，庶尹允谐，相应的，乾隆编修《四库全书》，在于内廷大学士襄赞职同。乾隆所做的事业与大舜所做的事业是一样的，这其实就是要勤劳天命，诞敷文德。

对文化经典的总结

文渊阁一层三面仙楼，上下设置书架，贮《四库全书》，正中设屏风宝座，"汇流澄鉴"匾悬挂于仙楼上。"汇流澄鉴"，出自《淮南子·说山训》"人莫鉴于沫雨，而鉴于澄水者，以其休止不荡也"，是说人们

文渊阁一层内景

不用飞溅成沫的水面照自己，而是用干净澄静的水面照自己，是因为澄静的水面不动荡，能够真实地反射出事物的本来面貌。由此可知“汇流澄鉴”，是指江河汇集泥沙俱下后形成的池或潭，经过沉淀后，水面平静明彻，就像一面镜子一样。故“汇流澄鉴”具有以下之义：

1. 汇集儒家各种文献；

2. 这些文献是经过历史沉淀后而形成的纯正文献；

3. 它像一面镜子，可以照见真实的历史，形成正确的历史观。

为万世开太平

为了庋藏《四库全书》，乾隆四十年二月提前开工修建文渊阁。文渊阁位于文华殿之后，即可为文华殿举办经筵活动提供学术考证，如汉代的石渠阁，成为全国的学术中心。建成之日，乾隆撰写了《文渊阁记》，记曰：

> 国家荷天庥，承佑命，重熙累洽，同轨同文。所谓礼乐百年而后兴，此其时也。而礼乐之兴，必藉崇儒重道以会其条贯。儒与道匪文莫阐。故予搜四库之书，非徒博右文之名，盖如张子所云，为天地立心，为生民立道，为往圣继绝学，为万世开太平，胥于是乎系。故乃下明诏，敕岳牧，访名山，搜秘简，并出天禄之旧藏以及世家之独弆，于是浩如渊海，委若邱山，而总名之曰四库全书。盖以古今数千年，宇宙数万里，其间所有之书虽夥，都不出四库之目也。乃抡大臣俾总司，命翰林使分校。虽督继晷之勤，仍予十年之暇。夫不勤则玩日愒时有所不免。而不予之暇，则又恐欲速而或失之疏略，鲁鱼亥豕因是而生。语有之，凡事豫则立。书之成虽尚需时日，而贮书之所则不可不宿构。宫禁之中不得其地，爰于文华殿后建文渊阁以待之。文渊阁之名始于胜朝，今则无其处，而内阁大学士之兼殿阁衔者尚存其名。兹以贮书，所为名实适相副。而文华殿居其前，乃岁时经筵讲学所必临。于以枕经葄史，镜已牖民，后世子孙奉以为家法，则予所以继绳祖考，觉世之殷心，化育民物，返古之深意。庶在是乎，庶在是乎！阁之制一如范氏天一阁，而其详则见于御园文源阁之记。[1]

1 前揭《钦定日下旧闻考》卷一二，页 167—168。

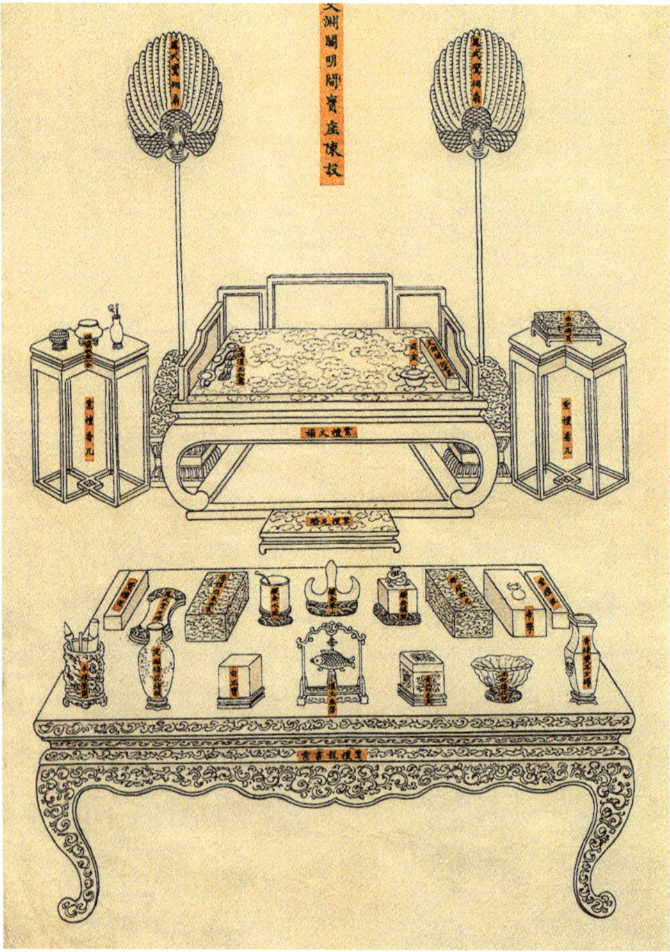

清代文渊阁一层明间陈设样图（台北“故宫博物院”藏）

大舜重视礼乐建设，命典乐官教授年轻人，《舜典》曰：“帝曰：‘夔！命汝典乐，教胄子，直而温，宽而栗，刚而无虐，简而无傲。诗言志，歌咏言，声依永，律和声。八音克谐，无相夺伦，神人以和。”记在《虞书》里，彰彰可考。孔子向往周代的礼乐文化，文武之道未坠于地，贤者识其大者，不贤者识其小者，周文王和周武王的大道并没有失传，而是散落在民间。有德行和智慧的人能够理解和掌握其中的大道，所以天之未丧斯文，孔子修订整理了《易》《书》《诗》《礼》《乐》《春秋》六经。礼乐百年而后兴，乾隆认为现在正值兴盛之时，故搜集四库之书，阐释文教，化育民物。编修《四库全书》，非博崇尚文治之虚名，实为天地立心，为生民立道，为往圣继绝学，为万世开太平。

第六章

举办书房展

2022 年 9 月故宫举办的“照见天地心：中国书房的意与象”展，是传统与当代相融合的展览。因为展览是把故宫文物与当代艺术家的作品放在一起展出，由此引发了传统与当代的讨论。传统与当代的关系，一直是人们所关注的话题，二者如何结合，是排斥还是相融，是割裂还是弘扬，答案不一，无论如何，首先传统不是负担，相反应该是我们远航的动力，是文化之树的根。今天我们以展览的方式，将古代藏品与当代艺术家的作品结合起来，这在故宫的展览史上还是第一次，双方互相打磨，如切如磋，在展览形式上有所超越，在内容上有所突破。结合是一种思考的践行，也是一种放眼未来的探索。

第一次书房大讨论

2021 年 4 月，故宫出版社的刘学军、尚倩宇找过我几次，说是故

书房展主视觉（宋代杨万里“古人浪语笔如椽，何人解把笔题天”诗意，黄海设计）

宫与腾讯合作，将推出一个有关传统与当下思考的展览，我也与个别艺术家有过接触，有了一些零星的初步了解。后来学军、倩宇告诉我，展览定为以书房为中心的传统与当下展，展览中要加入当代艺术家的作品。

显然，这是一个全新的想法，也是一个全新的展览。

2021 年 5 月 17 日下午在箭亭书院召开展览会，通知我参加，院决定让我筹备书房展，要求展览要办出新意，要有创新性，要震撼人心。做这样的展览要求将故宫的文化传播再往前踏出一步，不可能没有争议，但可以尽量减少争议。以书房的视角，将故宫文物与当代艺术家的作品融合在一起展出，实现传统与当代的交流与对话，开创故宫展览新思路、新途径。

我接受了这个任务。因为它能让我触摸到传统文化的深处，又能感知当代艺术的走向和表达方式，这是一个难得的机会与挑战。

首先，组建团队，成立筹展组，这是展览能否取得成功的关键。展览是一个系统工程，不是几个人就能完成的，对于部门来说，涉及文物部门、设计招标部门、宣传部门、修复部门、数字部门、后勤部门、工程部门、外事部门等，凡是与展览有关的部门，都要考虑到，事先要做好沟通工作。对于个人来说，是否具有强大的知识储备和责任心，是我选择筹展人员的首要条件，它涉及遴选文物、文字撰写、构思设计、协调沟通、值班守卫、文物搬运等工作，以我在故宫几十年的阅历，人员的组成已基本成竹于胸。

第二天，我召集大家在研究室会议室开了第一次筹展会。参会的人员涉及研究室、宫廷部、书画部、器物部、图书馆、展览部、出版社等部门的同事，这种组合便于工作的协调和对各类文物进行遴选，而且成员都具有很高的文物研究水平。成员有刘国梁、林欢、张淑娴、孙淼、张小李、尚倩宇、韩倩、徐瑾、许彤、刘净贤、唐晓慧、段莹、刘红军、汪亓、赵盈盈等15人。但筹展人员不是固定不变的，可随时调整、补充。参展的当代艺术家有吴洪亮、刘丹、徐冰、唐明修、徐累、白明、张永和、沈伟等。我和出版社的尚倩宇介绍了展览的基本情况，展览由腾讯支持，因此展览的优势在于有新媒体的加入，是展览+新媒体传播+图书的新的创新融合形式。

接下来，我要做的事是为大家鼓气，说明此展览的重要性、开拓性和影响力，对我们每个人来说都是充满挑战性的，所以要改变原来的思路，脑子里首先要确立这个观念，不要为以往的展览所束缚。以激发大家进入角色，展开对书房展的讨论。

刘学军：第一次尝试将文物与当代艺术家作品放到一起，体现故宫的包容性，一定对当代生活产生积极影响。

尚倩宇：当代艺术家作品与博物藏品融合在一起展出，苏州博物馆、南京博物院已走在了前面。当代艺术家的作品要以我们的文物为中心进行创作。从传播上来讲，这类形式的展览故宫还从未做过，腾讯会提前做宣传。

王子林：避免皇家色彩，以文人书房为主。大家要开动脑筋，因为每个人心中都有一个书房，我们要强调传统是根，要寻找表现人心的力量。6月15日前初步完成大纲草稿，明年4月份布展，4月底至6月底展出。

汪亓：两个维度进行思考，一个是空间，一个是时间，空间是指不同类型的人的书房，时间是指宋元明清画中的书房。

王子林：要尽快找到文物，要有大的视角，如负责书画的要想到法书，宫廷部的就要想到所有宫廷部的文物。

许彤：艺术家和故宫人双方共同推进。名字是否修改，“当下的传统”展览名没有书房气息。除了文人草堂外，是否要加入女性书房。

汪亓：双方选择文物要及时沟通，要充分理解当代艺术家的创作意图。

尚倩宇：书房的外延都有哪些？

林欢：要发扬优秀传统文化，提升到哲学高度，书房是古人的生活方式和哲学思想的体现。书房展应包括：空间 + 陈设物 + 著作 + 思想，文人的内心修养，隐逸与园林的关系。乾隆制作了一套四库藏书楼御墨。

段莹：对书房进行追根溯源，书房的雅称、字号、书画题款、独特楹联、匾额等，书画中很多这类题材。雅集、书画鉴赏，书画、尺牍、信札中体现的书房。松雪斋告诉我们书房也可能是移动的。

韩倩：从瓷器角度而言，有实用瓷器：插花、焚香。从收藏的角度来看，陈设、鉴赏。要考虑到午门展厅的特殊性。

王博：书画展期是明年 04.30—06.30，时间还是很紧张的，午门展览施工要受到计划方案的影响，要尽快确定展厅的设计方案。

尚倩宇：正想请张永和设计。

汪亓：书画真品应离声光电远一些。

唐晓慧：要强调文人精神和文化雅集。要考虑展览的叙述方式，还有书的展陈方式。

刘净贤：展览的空间应是：横向为皇帝书房到文人书房，纵向为古人书房到今人书房。要陈设古代案头书，如《康熙字典》、科考书籍、蒙学书籍《养正图解》等，雅号、堂号、鉴藏章、书籍命名都与书房有关，如康熙《渊鉴斋》，乾隆《古香斋》和《通志堂经解》等。

张小李：展览线索，要多角度，掌握书房演变的共性与个性。皇帝书房中的书，文人书房中的书。展品与文献、与空间、与绘画、与当代作品的呼应关系，使当代艺术家作品与文物达到一个深度的融合与平衡。

刘国梁：怎样讲述书房的传统，展厅的限制性，如何做到文物与艺术家作品之间的互动？多种互动的光影设施如何跟文物放在一起？书房的外延琴房。最熟悉的书房是什么？书房的类型有哪些？今天是要求大家先将能够想到的问题都提出来，但大家是一个团队，也应考虑解决方案。

汪亓：时间线索如何确定，主题线索是否确定为文人。

王子林：这个展览的主题符合博物馆文物的创造性转化与创新性发展。展览要表达我们熟悉的东西。大家一定要看看陈设档，熟悉书房里的陈设，以便为挑选文物打下基础。为避免表现皇家书房，我们要寻找书房的共性，以此作为选择文物和进行展览设计的基础。参展的当代作品最好是当代艺术家利用了故宫某件文物而进行的再创作，这件文物在展厅中要进行重点展示，形成一个有机的联系，以形成贯通传统与当代的一个点。每个人心中都有一个书房，“怀抱观古今，身心托豪素”是最好的注解。我们要思考传统的书房是什么样子？展览的根基是什么？书房的功能：看书与思考。书房的共性体现在三个方面：视觉、听觉和嗅觉。书房的空间意境：视觉，不仅有室内空间划分，还有室外空间意境。除了书房的十八友外，还有松竹梅。“座右图书娱画景，庭前松竹霭春风”“诗书趣潇洒，松竹影纵横”。书房的声音（听觉）：琴声，松风。书房的嗅觉：书香、燃香、松竹梅香，所谓馨香之德升闻于天。书房的精神追求："立德、立功、立言"，通过展览一定要把书房提高到一个"立言"的高度。以五经萃室为核心，阐述圣人之精微，示天理，正人心，展示四书五经，"苟日新、又日新、日日新"，看书与思考，促进我们每天都有新的进步。"勉以终身力"，书房给我们终身的力量。书房展览要讲究动静结合，传统是静，当代是动，传统是一座山，它是当代的根。当代是动的，像一条河流，永远向前运动。从中国传统文精神角度来统贯书房展览，仁应是书房的核心。今天我们面对的这个展览，就像是一座万仞宫墙，只要我们找到进入的大门，就能看见里面的辉煌。

此次会议大家讨论热烈，确立了三点：

1. 每次会议都要做详细的录音记录，会后由国梁整理成书面文字，留存档案；

2. 展品目录、分库目录、文物说明按规范遴选和填写；

3. 每次会议都要畅所欲言、各抒己见。

这仅仅是一个开始，大家有了这份热情，才有可能把这个展览做好，做完美。

艺术家们提供的宝贵建议

2021 年 8 月 12 日下午举行了第 11 次展览筹备会，艺术家徐冰、张永和、刘丹、白明、徐累等参加，对第八稿大纲提出了很多中肯而宝贵的建议。

白明：目前的展览大纲过于"故宫化"。这次策展是非常典型的，故宫专家对故宫现有的书房和拥有的文物资源的一个系统化梳理。我认为这也是需要的，但是不太好作为一个基础的框架。因为一旦把这个东西当成基础的框架，艺术家无法介入，反而会约束艺术家的创作。大纲要体现出艺术家如何理解书房。要体现出书房的思想性和时代性。书房是读书人形成思想的一个非常重要的空间，是个空间概念。不要过分地固化已有的东西，这一次以书房为主题的创作可以打开思想，体现灵活性、开放性和时代性。体现出艺术家们对书房空间的理解，它是一种书房概念，是一种精神，要强调“古和新”。

张永和：这次展览跟以前的展览不一样的地方是有两个重要的东西。一个是传统文化，一个是当代艺术或当代文化。由于这个展览有传统和当代文化和艺术的并列，它有一定的复杂性。观众来到故宫参观，但不是每个观众都是抱着学习的心态来的。我会用这几年做过的展览做例子来跟大家分享，既然是做展览，那怎么把这种有意思的东西传递给观众？

徐累：利用书房的空间感做一件作品。我可能会做一个屏风，屏风上画着画。它的概念是折射的、反复的、空间的幻觉。书房里面的设计是一个小空间，但是它的设计会出现一个幻觉，幻觉会启发人的兴趣。当代和古代的关系，是你看到我，我看到你。中间一定要互借、互让、互动，怎么能通过一个展厅的设计，巧妙地体现出古今的平衡感。把这个思维概念发散到世界的书房，不只是中国的。把屏风上的画，展开一个更大的空间，像书房里的迷宫。这个空间也嵌入到世界的不同文明里。

刘丹：怎么才能走出故宫的固定的模式和角度，能够让观众走进故宫，并且能够从展览中重新发现自己。这个是我们要考虑的问题。

徐冰：我和刚才几位艺术家说的大的感觉很接近，比如拿什么文物，要做什么东西。我也在想故宫的这次展览是要做些什么呢？它的最终的意义是什么？我只知道是想把古代和当代结合起来，我觉得要问更多的问题。我们能做什么？怎么贡献我们的艺术？故宫做此次展览的根本意义是什么？是什么目的？故宫这一次的“认真”和筹展组的“高效”让我印象深刻。我们每个人都生活在现实和非现实之间的一个地带，这给我们提供了一个幻觉层面的世界和生活。手机就是我们现在对书房的概念。我想我们现在每一个人都带着一个书房到处走，都带着一个博物馆到处走。

吴洪亮：这个展览走到今天特别不容易，我总体有个感觉，故宫的同仁是顺流而下，艺术家们是逆流而上，所以今天的会十分必要。相信在几位艺术家的脑子里已经开始酝酿这个展览的创作逻辑，酝酿到一定的状态了，今天的会碰撞之后创作逻辑会日渐明确化。

白明：这个展览对于故宫是历史性的一次。故宫的成熟性、完整性已经成为体系，如果描述得非常完整具体，反而不太适合当代艺术的开放性，当代艺术的生动就是开放和不确定性。

当代艺术家的建议，成了推动我们前进的动力。我们不断地修改大纲，并及时地与当代艺术家进行沟通。我们的目的就是要和艺术家们一起，把这次创新性的展览做好，发掘古代书房的文化精神密码，融入当代艺术作品，温故而知新，开辟一场古今互鉴互赏互思的对话，回望古代、致敬古代文化，并凝视当下，涵养我们的家国情怀和天地情怀。

从考察清宫原状书房开始

将故宫古代藏品与当代艺术家作品放在一起进行展示，这本身就是一场古今文化领域的对话与碰撞的盛宴。故宫是将历史上无数的经典，经过时间沉淀后，再变成经典，而这个经典就呈现在我们的面前，它赓续了中华五千年文明，贯通了古代中国的传承记忆，汇聚了中华优秀文化传统，体现了中国古代的人文精神与科技水平，拥有古代建筑 1050 座、房屋 8750 间、藏品 186 万余件套。故宫为我们的展览提供了丰富而深厚的文物资源和文化背景。我们如何将故宫所蕴藏的优秀文化传统通过书房的形式被发掘出来？如何与当代书房进行对接？如何激发当代艺术家的创作灵感？让古代书房与当代艺术家的创作融合在一起，而不是彼此对立，互不相融。

书房在古代是一个普遍的存在，读书人几乎都拥有它。在古代，书房不仅是一个看书藏书写书的空间，而且也是一所心灵的寄托。虽然古人书房的陈设与我们现代书房的陈设大相径庭，然“世殊事异，所以兴怀，其致一也”，虽然时代变了，事情不同了，但触发人们情怀的原因和思想感情却是一样的。所以我们能在古代书房中流连忘返，体会古人的情趣、喜好与追求，为古人的理想而鼓舞。而古人书房外的松风竹韵、幽禽佳木、叠山曲径把古人清远高致的情怀展现无遗，让人向往，书房内的左琴右书又使人忘记了尘世的喧嚣，心灵变得纯洁。古人在书房里营造了一种可以伸展的空间，既可以向内，反观自己的内心世界，又可以向外，走入世俗的社会，兼善天下，先天下之忧而忧，后天下之乐而乐。更重要的是它有个道的存在，在建构书房的同时，也在建构书房的道。“怀抱观古今”与“深心托豪素”即古代书房所要表达的胸怀与追求，有纵观古今的抱负，有专心托兴于笔墨文章的情怀。

在清代，大量书籍汇集于宫中，书房应运而生，分布广泛，如长春书屋、寻沿书屋、三友轩、抑斋、南书房、懋勤殿、弘德殿、五经萃室、古香斋、随安室、无倦斋、崇敬殿、乐善堂、墨云室、三希堂、学诗堂、得闲室、味余书室、宛委别藏、浩然斋、知不足斋、颐性轩等，与书房有关的藏品更是数不胜数。这些书房集有多种功能，有的是习文写字之处，有的是修养心性之处，有的是批阅奏章之处，有的是观阅图书之处，有的是举行联诗唱和风雅活动之处。“法宫哪得无雕饰”，有的书房装饰华丽;“芸编净几陈”，有的书房精致典雅;“抑以养潜德”，有的书房注重修身，不假雕琢。有幸的是清宫保留下来了多处原状书房，为我们认知宫廷书房找到了入口。

当代艺术是一个现在进行时状态的艺术，可以站在时代的前列，运用最新的技术、材料和语言，以一种独特的表现手法进行表达，传达对事物的认知。在当代艺术家的作品中，观念、形式、材料是一种动态组合，他们以独特的材料和视角来呈现材料的质感、对事物本质的认识和对生活的再现。所以在当代艺术家的眼中，他们对古代书房和当代书房的认知与传统意识将截然不同，另有一套独特的语言表达系统，诸如使用装置艺术、新媒体艺术和交互艺术等表现形式。无论当代艺术表现手法和观念如何地不同和新颖，但都要面对传统，而不是割断传统。

因此我们组织当代艺术家考察了故宫现存的书房原状，目的是把历史摆在当代艺术家的面前，让艺术家去感受、去捕捉其中与当代相联系的线索。5 月 19 日考察了香雪和长春书屋，香雪室中堆砌了大量的宣石，色如白雪，如堆千吨雪，偶尔露出的墙上是松竹梅贴落画，窗户外是翠竹千竿，置身其中，仿佛置身于香雪海之中，如梦如幻，是乾隆秘密修行的地方。长春书屋的镜面反射，使空间得到无穷的扩展。

5月24日考察文渊阁藏书楼，阁前置石桥一座，雕饰水波纹，寓意水克火之义。文渊阁是故宫最大的藏书楼，楼下所悬“汇流澄鉴”匾，出自《淮南子·说山训》“人莫鉴于沫雨，而鉴于澄水者，以其休止不荡也”，后用“鉴澄”表示明察、辨识。河流汇集形成深潭，清澈似明镜，喻书籍汇集于此，可为明镜，能照见真实的历史和纯净的文化思想，鉴古知来，点明了藏书的意义。楼上置巨大的樟木书架，明间中间立有顶天的书架，前后设背靠书架的阅读坐榻，背板前后刻有乾隆的御制诗《题宋版春秋分记》和《题职官分纪》，体现了乾隆的文化大一统思想和实现大舜“股肱熹哉！元首起哉！百工熙哉！”文化昌盛的太平盛世的理想。文渊阁后为花园，山石嶙峋，松柏挺立，相映成趣。

乾隆花园中有数处书房，5月26日考察了遂初堂、得闲室、静尘心室、三友轩、抑斋和养和精舍。抑斋分东西两间，东间壁上嵌西方极乐世界壁龛，东门两侧悬挂十六罗汉玻璃挂屏，西间为高低炕，是看书的地方，抑斋将书房与佛堂结合在了一起。三友轩位于山凹里，西间最有特点，圆光门由紫檀木雕刻的松竹梅造型构成，匠心独运，组合巧妙，其梅花和竹叶由白玉、碧玉雕刻而成，西窗为紫檀木雕松竹梅玻璃窗，透过窗户，室外是真实的松竹梅，虚实对应，真假难辨。松竹梅又称三友，出自《论语》“益者三友，友直、友谅、友多闻”，后来苏东坡将松竹梅比喻为三友，松竹梅从此成为书房空间的一部分和读书人的精神原力。云光楼有一个藏书室，它是故宫最隐秘的藏书空间，也是最小的书房。

6月9日考察了毓庆宫味余书室、昭仁殿五经萃室和弘德殿。味余书屋有洞幽烛远之妙，在穿过曲折幽深的无数小房间后，一座月亮

三友轩（维修前）

门出现在眼前，仿若一轮明月，豁然开朗。弘德殿里悬挂有一幅乾隆御笔书写的元代蒲道源的诗句“耽书是宿缘，得句因新意”对联。昭仁殿位于乾清宫东，是收藏儒家经典最重要的书房，因宫中收藏有乾隆认为是宋代岳珂校刻的《易》《书》《诗》《礼》《春秋》五经，合在一起存于昭仁殿后西小间，命名曰“五经萃室”。五经是我国保存至今的最古老的文献，是古代儒家的主要经典，被认为是祖述尧舜，宪章文武，阐述圣人之精微，示天理，正人心的经书。

我们与当代艺术家一起考察了故宫的书房，在考察过程中，互相探讨、剖析，扩大了视野，开阔了眼界，对古代书房有了更直观的印象，对其陈设有了更全面的认知，对书房空间有了更切身的体验，对

毓庆宫味余书室（维修前）

古人的追求有了更深入的理解。只有深入其中，才会从碰撞中产生火花，而不是在书斋中冥想。面对古代书房，既生敬畏，又生创作的冲动。在古代书房原状中行走，这本身就是一件当代艺术行为，仿佛置身于过去的时空里，唤醒了沉睡的灵魂。

书房展提供了这样一个契机，当代如何走进传统，传统如何启迪当代。当代艺术家将面对故宫所藏文物，把自己对历史的了解，对生命的参悟，投射到自己的创作中，读出那些稍纵即逝的东西，再把它变成永恒，这可能也是当代艺术家对自己情绪的记录与升华。

所以沟通是主要的，一方面要把眼光投在清宫书房里，另一方面还要把古代文人书房纳入其中，同时还要把当代艺术家有关对书房的思考放在一起，为展览留下一个充满丰富想象的空间。

十二次的展览大纲讨论

午门展厅由三个展厅组成，正殿面积800余平方米，东西雁翅楼各1000平方米，这是故宫最大的展厅。展览拟分为三个部分，每个部分展示的藏品是什么，表达的主题内容是什么，我们也只能一步一步地探索着往前走。大纲先后修改了12次，开了12次筹展讨论会，每一次都有不同的收获，认识水平也在不断地提高，可以说这是一个不断修改、不断完善的过程。

当代艺术家的创作过程，也是一个不断渐进的过程，其作品永远处于变化之中，具有不确定性。由于时间紧，我们先行一步，先以故宫文物为基础、为线索来构建展览大纲，为艺术家提供一个基础平台，并为当代艺术作品留下一个开放的空间。

对于三个单元的结构与主题、传统与当代的关系，筹展组成员都进行了认真的思考，对每一稿大纲都进行了讨论，各抒己见。如此的思考与开放的心态，说明我们能接受不同的意见，使大纲不断走向完善。

第一稿大纲：第一单元“俯仰探幽”，通过书房里陈设的绘画、书法、印章、琴、棋、茶具、玉器、瓷器、佛像、钟表、插屏、炉、清供、琴桌等，表达书房主人的兴趣爱好与追求；第二单元“汇流澄鉴”，是整个书房展览的核心和高潮，展示书房的传统精神，体现文化昌盛，展品有“汇流澄鉴”匾、书案、暖砚、仿制书架、仿制《四库全书》套函，复原“五经萃室”原状，陈设五经藏书，以示传统文化之核心所在；

午门

第三单元“宿缘新意”，专门展示当代艺术家的作品。

第二稿大纲：第一单元“左右图书”，书房的历史与功能，以家具文物构成书房的空间，以绘画中的书房说明书房的历史，体现松竹梅的文物，展示图书的不同版本；第二单元“正谊明道”，文物以文房四宝为中心，用“正谊明道”“汇流澄鉴”匾和“五经萃室”原状来体现书房的精神追求；第三单元“清雅鉴赏”，以书房所陈设的器物为主展示书房的雅致。

第六稿大纲：第一单元“结契霜雪”，以书房的空间和文人三友为主；第二单元“正谊明道”，突出书房的精神境界；第三单元“闲情偶

寄”，表现书房的陈设与雅集。

第八稿大纲：文物 136 件套。第一单元“怡情雅趣”，讲书房的空间与陈设，通过绘画中的书房和书房里的文物来展示，分三个小单元：一是绘画中的书房；二是芸编净几陈，主要展示书籍；三是雅好满屋间，展示书房中的陈设。第二单元“正谊明道”，讲书房的文化精神，分三个小单元：一是正心诚意，二是兼济天下，三是林下隐逸。第三单元“结契霜雪”，讲书房的气质和文人雅集，分两个小单元：一是“雅集畅胸怀”，二是“结契松竹梅”。

第九稿大纲：以书房最重要的三个特点即寄情、境界和气质来展开书房空间的陈设，从而贯通古今，实现古今书房的对话。第一单元“委怀琴书”，展示图书和琴、棋、茶具、香具和青铜彝器等。第二单元“正谊明道”，包含几个方面：第一是体现道德价值观的文物，第二是体现兼善天下的文物，第三是体现林下隐逸的文物，第四是体现与天地参的文物。第三单元“结契霜雪”，展示与松竹梅有关系的文物。

第二单元即午门正殿，以表现书房的精神思想为主要展示内容。最初几稿大纲的思想性显得很单薄，在第六稿大纲中，所选藏品种类不全，只选了“正谊明道”“汇流澄鉴”“五经萃室”匾，以及与之相对应的五经图书、武英殿版图书和大量的文房四宝文物。在第八次筹展讨论会上，专家提出：“对文人读书要有一个诠释：读书到底是为了什么？在书房要达到什么？是要完成人格的提升。”并为我们提供了很多能提升书房思想境界的文物，如禹之鼎《早朝图》、玄烨《早朝诗》、弘历《待漏院记》、文徵明《西园诗》、柳公权《蒙诏帖》、苏轼《归院帖》，还有倪瓒的绘画等，既有书房味，又能反映文人“达则兼善天下，穷则独善其身”的精神。据此，大纲进行了修改，并挑选了两件很有意思的藏品，都是弘历御笔书写的，一件是《大宝箴》大挂屏，一件是《待漏院记》卷，是两位唐代、宋代在朝做官的读书人张蕴古、王禹偁对皇帝和宰相执政的要求，直言不讳，要求皇帝要大公无私，严格自律，要求宰相要勤于政务，不要做奸相、庸相。

曾有一段时间，我纠结于书房的历史，在固有的思维中，总认为书房展离不开对书房历史的介绍。我曾写下了这样一段单元文字说明：“书房是什么样的？最早的书房是与居室结合在一起的。春秋时代，封建世官世禄体系崩溃，知识分子流入民间，私人藏书、立言和教学的独立书房可能已经出现。汉代‘独尊儒术’，广开献书之路，建藏书之策，置写书之官，极大地促进了私人书房的发展。而隋唐科举制度的推行，使书房逐渐成为读书人的必备空间。随着雕版印刷术的发明，书籍的流通传播速度加快，宋元明时代的书房进入普通人阶层，成为文化符号的象征，其中文人书房尤重空间环境的营造，追求超凡脱俗的意境。”虽然能把历史上的书房做个简要的串联，但很费力，还是觉得书房的历史叙述不清晰，主要是先秦时期，乃至汉唐，没有书房实例存在，文献记载也是只言片语，只能从画像砖、文人笔记中略窥一二，更谈不上绘画作品中的书房写真。到了宋代，书房才在绘画中大量出现，但都过于简单，它只是山水中的一个点缀而已，明清时代的绘画中才把书房的内部陈设表现得较为充足。所以到了第九稿大纲时，我们就抛开了书房的历史单元说明，而是改为“委怀琴书”，重点展示书房里的陈设：绘画中的书房、图书、琴、棋、茶具、香具、青铜彝器等文物。

第十一稿大纲：以星空、道德和结契霜雪（即物我一体）来阐释古今书屋的特性，来展开书房空间的陈设，从而贯通古今，实现古今书房的对话。这一稿我们以开放的结构为艺术家预留一个无限的空间。第一单元“四壁图书”，中国文脉的传承离不开墙壁（鲁壁）的保护，本单元以天上的壁星为意象，以图书为根本，融入当代艺术家的作品，共同仰望星空,展开对书房的想象即对心灵自由的表达。第二单元“正谊明道”，修其身，正其心，无论是古代还是当代，永远是我们行走天下的法宝。在古人正谊明道、兼善天下、林泉高致、参悟宇宙的精神基础上，艺术家将追寻心中的道德自律以及从宇宙角度来展示人类不同的文明创造,寻找精神家园。第三单元“结契霜雪”,将松竹梅拟人化，结为契友，使书房真正成为一个精神化的空间。艺术家将以香雪为支点，建筑虚实、梦幻般的场景空间，以达到物我两忘，古今一体。

第十二稿大纲为定稿：第一单元“委怀琴书”（西雁翅楼）：展出文物49件套，艺术家作品4件，分星空、五经萃室、图书、文房四宝、文人赏器五个空间。古代为何要委怀琴书？传承文脉是其使命。故在展厅的序厅，展示了古代星象图，将壁星的光芒引射到“五经萃室”匾上。书房的意义是从仰望星空开始的，从天上的壁星，到地上的鲁壁，再到紫禁城里的“五经萃室”，古代书房的文脉就理清楚了，并拓展了对书房文脉的思考和对书房空间的想象。

第二单元“正谊明道”（午门正殿）：展出文物16件套，分三个小单元，一是修身养性，二是家国情怀，三是俯仰天地。由于这一单元位于中轴上，展示的文物要有厚重感、历史感，故陈设虢叔旅钟、弘历书唐代张蕴古《大宝箴》挂屏、南宋文天祥行书《上宏斋帖》、明代陈淳书北宋范仲淹《岳阳楼记》等体现国家情怀的文物，突出士人身处庙堂之上时的本分和职责。在俯仰天地这个空间里，只陈设了三件文物，北宋郭熙《窠石平远图》、北宋米友仁《潇湘奇观图》、清代石涛《搜尽奇峰图》，胸藏丘壑，兴寄烟霞，融入自然之中，感知宇宙无限，与天地精神独往来。

第三单元“结契霜雪”（东雁翅楼）：展出文物31件套，艺术家作品4件，分香雪、三友同德和雅集三个空间。松竹梅既是书房的象征，又是文人的象征，既是抽象的，又是具象的，它已经成为书房的一个符号了。雅集是书房的一个延伸，突出书房的另一种功能即“以文会友，以友辅仁”。

东北崇楼展厅为当代艺术家作品“奇镜记”。

整个展览以星空开始，以家国情怀为重点，以雅集唱和为结束，突出书房的文脉传承和人文精神。雅集既是书房绝唱，又是启发当代书房的开始。

一个成功的展览，肯定是形式与内容的完美结合，但没有思想性的展览是没有生命力的，而思想性是建立于学术之上的，没有学术上的研究成果，思想将是苍白的。我们和当代艺术家一样，不仅要学习和继承传统古典文化的精髓，还需要把眼光放到自己生活的当下，去感知那些生命中永恒的东西。所以这个展览的根基是学术性，在学术上要讲得通，才能更好地与当代艺术家的作品接轨，最终达成思想的贯通，让展览插上理想的翅膀，飞得更高，看得更远。

委怀琴书：书房之心

书房是与读书人、文脉联系在一起的，因此从文物到文字，乃至设计，都要具有文气。如何才能通过书房的意与象，照见天地之心呢？天地之心是什么？书房是什么？书房与天地之心有什么关系？这些都需要在展览中回答。不能把展览之名高悬在上，却与展示的内容、形式没有关系。

首先要梳理一下逻辑顺序。在古代，谁拥有书房？一般来说读书人肯定会拥有一间书房，哪怕这间书房小到只可容膝。书房是属于读书人的。因此我们可以把读书人分成两类，入世和出世，相应书房也有两类，即有形和无形。书房的功能除了读书、藏书和写作外，还有观想，观想属于无形的书房。观想有三种，即观想自身、社会和自然。在观想过程中会产生两大情怀，即家国情怀和天地情怀。

在确定了这个展览的基本逻辑线后，我们再来看看第一单元“委怀琴书”，出自晋代陶渊明诗“弱龄寄事外，委怀在琴书”，是说自己年轻的时候就不用心于世俗之事了，而是把胸怀委托给了琴和书。这样我们就想起了三位古人。一位是爱学习的孔子，他说：“学而时习之，不亦说乎？”“十室之邑，必有忠信如丘者焉，不如丘之好学也。”第二位是元代蒲道源，他说：“得句因新意，耽书是宿缘。”把所有的时间都耽误在读书上，这是前生的因缘，是改变不了的。第三位是乾隆，他刻有一方印章曰“一年无日不看书”，手不释卷，以读书为乐。

书为什么如此之重要呢？

是因为天上有壁星，地上有鲁壁。

农耕文明重视祭祀。先民祭祀天和祖先的方法有两种，一是燔柴，

第一单元：委怀琴书

《仪礼》记："祭天，燔柴。"二是献酒，烟和香味升腾，登闻于天，以此完成与上天和祖先的沟通。但上天并不能准确地知道先民的想法。只有当文字产生后，先民才能将心中所想准确地向上天汇报和祷告，人与上天的沟通才算到位。目前所知中国最早的文字是甲骨文，而与甲骨文同时代出现的"册"，可能才算真正意义上的书，因为它与刻写于龟甲上的文字不一样，可以随身携带、展阅，随之藏书室也就出现了。最早的藏书室应是出现在周代，无叀鼎铭文曰："王各于周庙，述于图室。"而上天的意志也需要表达和传承下去，于是古人想象天空中有一座图书府叫壁星。大约在春秋时代把营室四星分成了室星和壁星，壁星成为专门的图书府以藏代表上天意志和天文的天书。每年的十一月，正南中天便会出现两颗明亮的星即壁星，"东壁耿双星之耀"（故宫文华殿联），十分耀眼，高悬于天，它与北极星连为一线，也称为定星。从此，人们无论在任何地方，都能看到它，它是天文的象征，也是人文的象征，它普照天下，文明以止，化成天下。

壁星又称壁宿，是北方七宿中的第七宿，由两颗星组成，因在室宿的东边，很像室宿的墙壁，又称东壁，是天上的图书府，唐代张说《恩制赐食于丽正殿书院宴赋得林字》诗云："东壁图书府，西园翰墨林。"

所以，进入第一单元，呈现于眼前的是一幅标有壁星的星象图，并将通道用墙壁分隔。为何要如此设计？是为了假此以为鲁壁。

鲁壁，《〈尚书〉序》记："至鲁共王好治宫室，坏孔子旧宅，以广其居，于壁中得先人所藏古文虞、夏、商、周之书及《传》《论语》《孝经》，皆科斗文字。"自秦焚书后，很多典籍被付之一炬，鲁壁的发现，使文脉又得以延续。故后世以"鲁壁"借指古代文化典籍。鲁壁所藏之《书》《论语》《孝经》等，十分重要，为中华文脉所系。

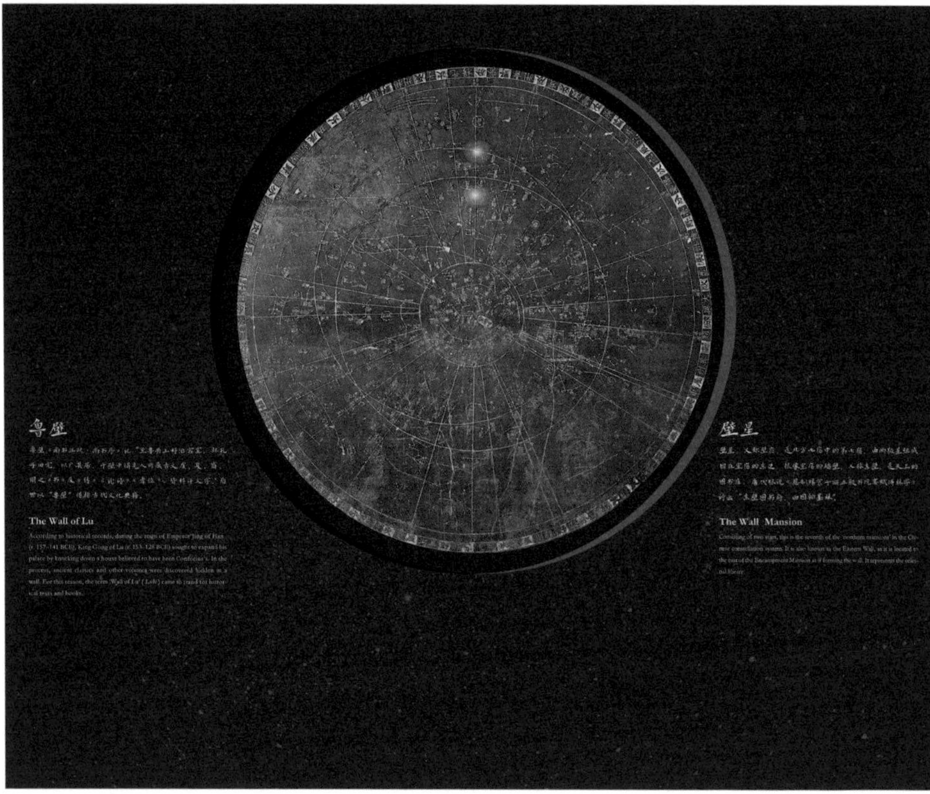

壁星图

《易》曰:“文明以止，人文也。观乎天文以察时变，观乎人文以化成天下。”天文：日月星辰、风雨雷电。人文：诗书礼乐、宫室服饰器用。观察天的文彩，可以知晓四季的变化规律；观察人类文明，可以推行教化，促成天下昌明。

将壁星与鲁壁联系起来，是为了告诉观众，书房的根在于五经。当我们仰望星空的时候，实际上是把人世间的事业赋予星空，使之成为永恒。

这样,我们在壁星的前面设计了五经萃室。五经萃室,既来自原状,又不是照搬原状，而是五经萃室的意与象。

五经萃室景观

五经萃室位于乾清宫东小殿昭仁殿中，乾隆九年（公元 1744 年），乾隆将宋元明三代旧版书籍藏于昭仁殿，名曰天禄琳琅，其中收藏了不同版本不同时代的《春秋》数种。当时内府得到了乾隆认为是宋代岳珂所刻《易》《书》《诗》《礼》四种，而独缺《春秋》，乾隆遂令查找天禄琳琅中的《春秋》，果得他认为是岳氏版的《春秋》，五经齐备。乾隆认为五经既合则不可复分，遂将昭仁殿后庑慎俭德室分隔一间，名曰“五经萃室”以收藏。

五经是阐数大圣人之精微，示天理正人心的经典文献。

何谓天理人心？

儒家认为在没有生命之前，宇宙是空虚的，黑暗的，突然出现了一股元气，将宇宙扰动，产生了分离，出现了阴阳二气，阳气轻清上

五经萃室原状

“五经萃室”匾

升形成天，阴气重浊下降形成地，天地又相互交流，阳气上升，阴气下降，阴阳相摩，天地相荡，雷电相击，云行雨施，有了雨，就有了水，有了水，就产生了生命。说明上天是主生的，故曰天地有大德曰生，进而证明天的本性是善的、仁慈的。天上所出现的一切如日月星辰、风雨雷电等天文现象，都是为了生物的，故朱熹把仁看成上天生成万物的那颗心即仁心，上天将仁心赋予人与万物，人与万物得此心为心，这个就是上天之德的表现。朱熹说："盖仁也者，天地所以生物之心，而人物之所得以为心者也。惟其得夫天地生物之心以为心，是以未发之前四德具焉，曰仁义礼智，而仁无所不统。”人心要与天心保持一致，才符合天的意志即规律，天的意志就是天理，与天心一致，就是正人心。所以五经的重要性，正如乾隆所言“合于天理人心之正”。

壁星—鲁壁—五经萃室，展览设计将三者连在一起，说明五经是书房之根。这是一条文化之脉，从天上一直延续到了紫禁城里，千年不断。

解决了这一根本性问题后，其他也就好办了。

首先我们在壁星与五经萃室之间布置了当代艺术作品“文字的尊

严”，它将汉字的笔画进行了重新组合，变成不能识读的字体，脱离了文字的实用功能，成为纯粹的字，不再是被世俗使用的工具，作者认为这才是回到了文字的本初，体现了文字的尊严。

书房离不开书，图书展示是本单元重要的一环，我们以五经为中心展示了儒道释的重要经典，有《性理大全》《周易本义》《钦定书经传说汇纂》《诗传大全》《钦定三礼义疏》《钦定春秋传说汇纂》《仿相台五经》《道德宝章》《宗镜录》等，均为内府刻本，这是对“星空·五经”的延续，进一步加深观众对五经的认知。作为传统书法和绘画的主要装裱形式卷轴，当代艺术作品“墟相·卷轴”在此将与五经形成观照。瓷器与古人的生活息息相关，它无声地记载着农耕文明的饮食习惯。作者将书页、报纸、纸张、纤维等承载文字的材料化为纸浆，与瓷泥

《钦定书经传说汇纂》

当代艺术作品："墟相·卷轴"

融合在一起，通过熏烧、柴烧、电窑烧、气窑烧等多种烧制方法而成，试图通过卷轴的烧制来讲述中国几千年的陶瓷烧制史，让承载文字的材料与泥土合二为一，使瓷卷轴获得了生命。

中国古人崇尚左琴右书的读书生活，《礼记》说"士无故不彻琴瑟"，《论语》记："子在齐闻《韶》，三月不知肉味。"故我们展示了一把宋代的玉壶冰琴。至此，书房的书香和声音都有了，使我们仿佛闻到了馨香之德和绕梁的琴声。

关于书房里的陈设，我们以文房四宝和文人雅器两部分文物进行了表达。纸墨笔砚均置于象征性的巨大的书案展示台上，它是由看似从天而降的一张纸做成的。在此不得不提到，三个单元的展厅都是由特制的、具有宣纸效果的材料装饰的展柜和展墙，使我们在观看时能感觉得到文化的载体——纸——就在身边，亲切感油然而生。文房四宝对读书人来说，是他们的利器，可以墨笔生花，发而为文，继往昭来，漱六艺之芳润，宣文德于永恒。同时它又构成了文人与工具之间的生态依赖系统，创造了传诵千古的名篇佳作和具有东方艺术魅力的书法和绘画，影响了古代中国的审美趋向。

至于文人雅器，我们遴选了宋代的汝窑天青釉盘、定窑白釉刻花蟠螭纹洗、哥窑灰青釉贯耳八方穿带瓶、钧窑玫瑰紫釉葵花式花盆、龙泉窑青釉琮式瓶等，还有商代的鼎、周代的素面玉琮等重器，这些

一张从天而降的宣纸构成的展台

汝窑天青釉洗

器物都蕴含天地之大道，在摩玩舒卷之余，浸觉有味，发思古之幽情，考古论世于千载之上。

在文人雅器展示的背后是一件当代艺术作品“游方之外”脱胎漆器，看似被烧灼的残木，又好似耸峙的山峰，作者试图通过此件作品来阐释《庄子》“游方内外之道”。《庄子·太宗师》记“孔子曰：彼，游方之外者也；而丘，游方之内者也”“彼方且与造物者为人，而游乎天地之一气”。子桑子、孟子反、子琴张三人能超然物外，跳跃于无极之中，忘了生死，三人内心相契，做了朋友。不久，子桑子死了，另二人毫无悲伤，一边弹琴，一边合唱道：“哎呀，你去了本真的地方了。”与造物为友，而遨游于天地之间。至于生命，孔子说其假于异物，托于同体。借着不同的原质，聚合而成不同形体。遗忘内面的肝胆，遗忘外面的耳目。让生命随着自然而循环变化，不究诘它们的分际，安

“游方之外”脱胎漆器

闲无系地神游于尘世之外，逍遥自在于自然的境界。脱胎漆器“游方之外”，呈现的虽是烧毁的残木，但它的前生是树，生死无先后，不过是以另一种方式回归于天地之间而已。

书房除了精美的陈设物外，也离不开人的活动，如何来表达这一点呢？我们选取了《卢见曾读书图》，卢嗜好读书，居扬州时常向当时知名藏书家马曰琯借书阅读，此图即描绘此事，正应了元代蒲道源的“耽书是宿缘”，即专心于读书，犹如前生的因缘。在书房中习帖，也是读书人的功课之一，《懋勤殿本淳化阁帖册》是宋太宗赵炅命翰林侍书王著编次内府所藏历代帝王、名臣、书家等墨迹摹刻的法帖。文徵明写的《陋室铭》算是对本单元的书房境界的一个回答，书房不在于豪华和精致，而在于谈笑有鸿儒，惟吾德馨即正人心之上。

《世界的重屏》与《是一是二图》

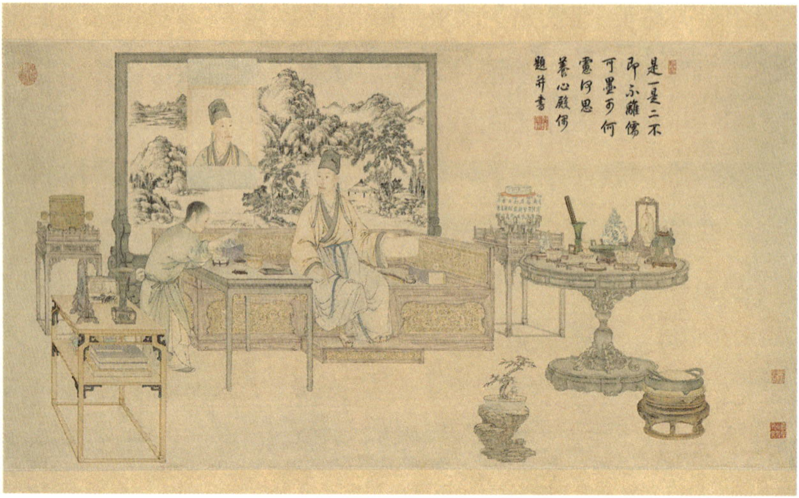

《是一是二图》

在单元结束部分，是《是一是二图》与当代艺术作品《世界的重屏》的对应与观照。作者的灵感来自五代名作《重屏会棋图》，重置的围屏，展示了不同文明下的书房场景，有中国古代书房的琴棋书画、欧洲文艺复兴书房的科学实验室、阿拉伯文化的经院器具、日本和朝鲜的书房陈设等。重屏本是隐蔽的象征，把它们放在一起，则是一个完全开放的空间，封闭与开放，是不是对书房的一种思考呢？

正谊明道：书房的价值与情怀

读书人读圣贤书，要树立正确的人生观和价值观，故第二单元名曰“正谊明道”，便是对书房价值的回答。午门正殿位于中轴上，故这个单元是对古代文化的致敬，展示的都是故宫收藏的文物。

读书人如何看待功与利的问题，《孟子》说：“鸡鸣而起，孳孳为

第二单元：正谊明道（昆仑为笔点海水）

善者，舜之徒也；鸡鸣而起，孳孳为利者，跖之徒也。”是像舜一类的人那样行善，还是像跖一类的人那样逐利？《孟子》回答说：“堂高数仞，榱题数尺，我得志，弗为也。食前方丈，侍妾数百人，我得志，弗为也。般乐饮酒，驱骋田猎，后车千乘，我得志，弗为也。”汉代董仲舒提出：“夫仁人者，正其谊不谋其利，明其道不计其功。”让义正于天下，是最大的利；让道明于天下，是最大的功，也就是示天理正人心。正谊明道深深地影响了古代读书人的性格和情怀。正确的功与利，书房的价值也就确立了。

本单元分为三个小单元，第一个小单元是修身养性。儒家经典《大学》阐述人人以修养品性为根本，只有坚守这一根本，方可齐家、治国和平天下。所以一日三省吾身，终日自强不息，即使独处独知或避世索居之时，也一定要行己有耻，戒慎、持敬、惩忿、窒欲、迁善，完成自我道德的修养。

在进入展厅后，仿糊窗户宣纸的隔断将展示的空间分隔，好似从

青天借作一张纸：山光满几

天飘下来的一张纸。宋代杨万里《谢邵德称示淳熙圣孝诗》曰：“昆仑为笔点海水，青天借作一张纸。”

此处展示的第一件文物是南宋何筌《草堂客话图》，画中草庐和亭子组合在一起，使人想起“南阳诸葛庐，西蜀子云亭”，这不就是入世与出世的关系吗？诸葛亮《出师表》曰：“臣本布衣，躬耕南阳，苟全性命于乱世，不求闻达于诸侯。先帝不以臣卑鄙，猥自枉屈，三顾臣于草庐之中，咨臣以当世之事，由是感激，遂许先帝以驱驰。后值倾覆，受任于败军之际，奉命于危难之间，尔来二十有一年矣。”用此画意在开启这一单元的入世与出世的价值展示。《孟子》说：“古之人，得志，

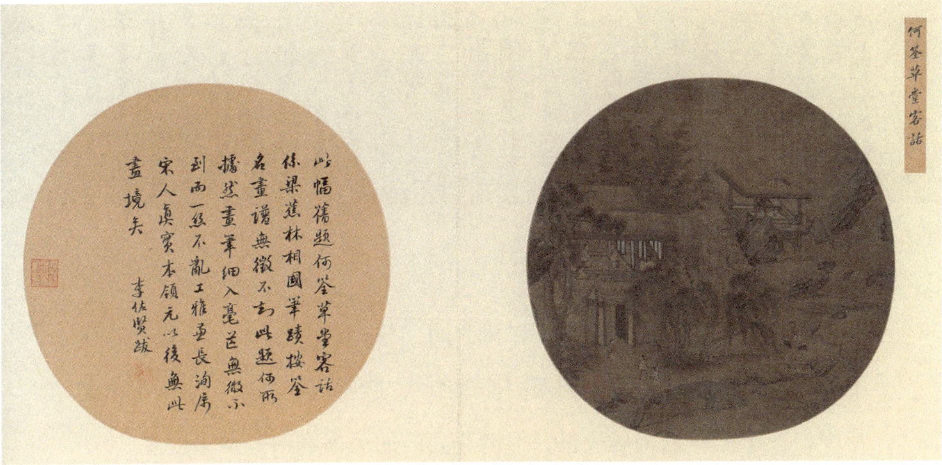

南宋何筌《草堂客话图》

泽加于民；不得志，修身见于世。穷则独善其身，达则兼善天下。”

如何修身见于世，文徵明的《猗兰室图》传达了这一信息。《猗兰室图》是文徵明为其友人朝爵所作，是年他六十岁。一间书斋琴房掩映于苍松之间，屋前屋后，兰花错杂其间，宾主相对而坐，主人拨动

明代文徵明《猗兰室图》

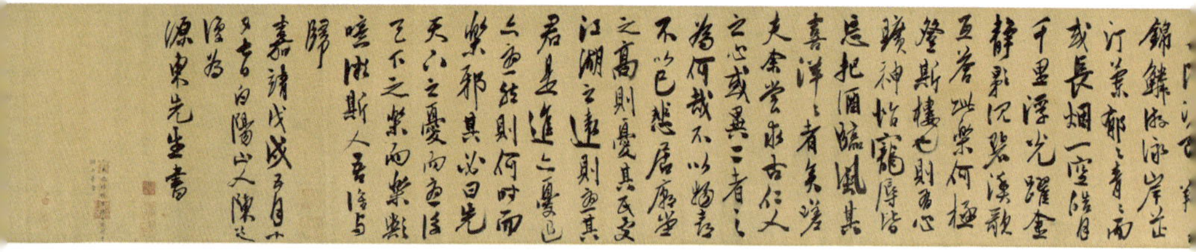

陈淳行书《岳阳楼记》

琴弦，一曲《猗兰操》回响于松风之间，“芝兰生于幽谷，不以无人而不芳；君子修道立德，不为困穷而改节”，徵明屡踬场屋，十九次未能考中，五十七岁仍闲居故里，但清芬高洁的品格和情操从未改变。

唐寅的《双鉴行窝图》和沈度的《敬斋箴册页》，都是在阐释修身养性之道。唐寅特别喜欢友人汪荣的双鉴行窝书房，为之作画并题记，称：“鉴者，光也，金无光则昏，水无光则浊，心无光则愚。”要使金、水、心保持光泽，必从自身修养做起，从鉴水、鉴金到鉴心，保持自身的清洁，养心以道。沈度是明初大学士，以其书法著称，后来的馆阁体便出自其手，他录宋代朱熹的《敬斋箴》，以身作则，严格要求自己，日常居处应对应保持端重之态，做到庄敬诚实。

第二个小单元是“家国情怀”。《大学》讲修身、齐家、治国、平天下，《孟子》亦曰：“天下之本在国，国之本在家，家之本在身。”个人与家与国与天下是连在一起的，所以读书人具有强烈的家国情怀，崇尚品德，坚守正义，以天下为己任；竭其忠诚，致其才力，施恩惠于百姓。

明代徐渭行书昼锦堂记轴，借宋代欧阳修的《昼锦堂记》，向往魏国公韩琦“德被生民，功在社稷”的品德与功绩。南宋文天祥行书《上宏斋帖》，抒发了自己对包恢忠忱爱国的敬仰。明代陈淳行书《岳阳楼记》，借宋代范仲淹《岳阳楼记》以表达“居庙堂之高则忧其民，处江

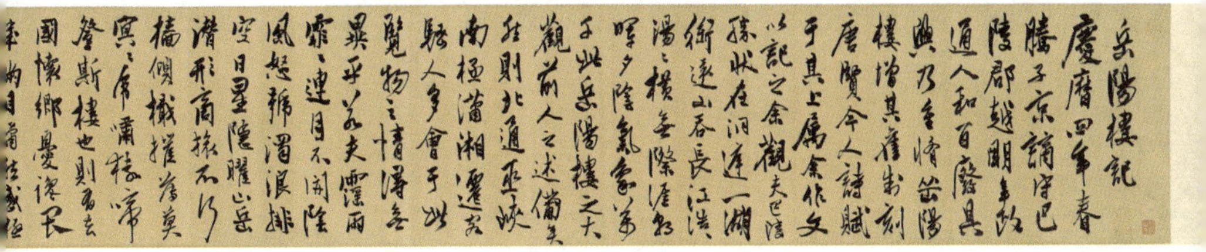

湖之远则忧其君”和“先天下之忧而忧，后天下之乐而乐”的精神和情怀。

我们将西周的虢叔旅钟陈设于展厅正中，以其重器的形式，向观众强调家国一体的观念。虢叔旅的父亲曾为西周立下过汗马功劳，特铸此钟以追述祖先功烈，感念王室恩赐，祈愿父辈福荫子孙。

特别有意思的两件文物是《大宝箴》挂屏和行书《待漏院记》卷，它们都是乾隆亲笔书写的。《大宝箴》为唐代张蕴古所作，该文阐释了儒家的君道思想，是对君主的规劝警戒。作为读书人，规诫统治者是职责本分，认为天子应严格自律，励精图治。爱护百姓，大公无私，是一个人治理天下，不是全天下侍奉一个人。帝王的一举一动都不能随意任性，要发挥左右史忠实记录帝王言行以规诫帝王的职责。弘德殿为乾清宫西小殿，是皇帝办理政务及读书之处。乾隆自书并陈设于此，以示自警。王禹偁是北宋太平兴国八年（公元 983 年）的进士，为官期间敢于直言讽谏，所作《待漏院记》阐释了宰相的职责，反映了宋儒的政治理想。以宰相待漏之时的不同思想状态，将宰相分为贤相、奸相、庸相三个类型，褒贬之意非常鲜明。乾隆亲笔书写，一是对自己的要求，二是对臣子的要求。通过这两件文物，我们能体会到古代读书人的职责和担当，这正是他们的家国情怀的真实体现。

虢叔旅钟

乾隆楷书《大宝箴》挂屏

第三个小单元是“俯仰宇宙”，读书人最后一步是要走出书斋，仰观宇宙，俯察万物，所谓“读万卷书，行万里路”，完成对天地的考察，从而充实完美自己。在这个空间里，只展示了 3 件文物，它们分别是北宋郭熙的《窠石平远图》、北宋米友仁的《潇湘奇观图》和清代原济的《搜尽奇峰图》，画中呈现的都是对天地自然的细致观察，抒发了对天地自然的赞美，人与天地融为一体，是天地情怀的表白与张扬。

米友仁的父亲米芾于镇江城东高岗上植梧桐和结精庐，一时文人会聚赋诗。友仁称：“此卷乃庵上所见，大抵山水奇观，变态万层，多在晨晴晦雨间，世人鲜复知此。余平生熟潇湘奇观，每于登临佳处，辄复写其真趣成长卷以悦目，不俟驱使为之，此岂悦他人物者乎？”所以《潇湘奇观图》满纸云烟，变化无常，山以水为血脉，以草木为毛发，以烟云为神采。故山得水而活，得草木而华，得烟云而秀媚。画此画的目的只为悦目，不为他人所驱使或取悦于他人。

北宋米友仁《潇湘奇观图》

原济即石涛反对未行万里路，就开始创作，还自曰此某家笔墨，某家法派。他认为:“今之游于笔墨者，总是名山大川未览，幽岩独屋何居？出郭何曾百里入室。那容半年交泛滥之酒杯，货簇新之古董，道眼未明,纵横习气安可辨焉？”这哪有郭熙所言之“不精粹千里之山，不能尽奇百里之水”？所描绘的山川，又岂能尽秀？

这两件绘画作品刻画了南北山水的不同风貌，“东南之山多奇秀，天地非为东南私也；东南之地极下水潦之所归，以漱濯开露之所出，故其地薄，其水浅，其山多奇峰峭壁而斗出霄汉之外，瀑布千丈飞落于云霞之表”“西北之山多浑厚，天地非为西北偏也。西北之地极高，水源之所出，以冈陇臃肿之所埋，故其地厚，其水深，其山多堆阜磅

清代原济《搜尽奇峰图》

礴而连延不断于千里之外，介邱有顶而迤逦拔萃于四达之野”。

郭熙在《窠石平远图》中展示了对自然的深入观察和心灵的体验历程。群山横列如屏障，天空清旷无纤尘。裸露的岩石缝中生长的杂树，虽没有苍松的挺拔，但仍刺破天空；虽叶已落尽，但仍老枝遒劲；虽已深秋，但天地开阔，物我两忘，精神与天地同在。

《林泉高致》称：“世之笃论谓山水有可行者，有可望者，有可游者，有可居者，画凡至此皆入妙品。”提出山水可行、可望、可游、可居。清代石涛在此基础进一步深化了可居、可游、可望的环境，称：“江南江北，水陆平川，新沙古岸，是可居者。浅则赤壁苍横，湖桥断岸，深则林峦翠滴，瀑水悬争，是可游者。峰峰入云，飞岩堕日，山无凡

北宋郭熙《窠石平远图》

土，石长无根，木不妄有，是可望者。”郭熙提出：“故不快则失分解法，不爽则失潇洒法，不圆则失体裁法，不齐则失紧慢法。此最作者之大病也。”石涛则认为：“不立一法，是吾宗也，不舍一法，是吾旨也，学者知之乎。”不为自己立一法，但又不舍弃一法，尊重传统，但不为传统所缚。当读书人走出书房，放浪形骸于山水之间，作濠濮间想，可居、可行、可游、可望，留心于对山川的观察和实践。在人的眼中，天地分三个层次即深远、平远和高远，自山下而仰山巅谓之高远，自山前而窥山后谓之深远，自近山而至远山谓之平远。高远之色清明，深远之色重晦，平远之色有明有晦。高远之势突兀，深远之意重叠，平远之意冲融。山川在他们的眼中是神圣的，是美的，他们并没有觉得山里生活的艰辛，人与山川融为一体，体验到一种极致的美感和愉悦感，抑或极致的寥廓感和苍凉感，这是一种天地情怀的体现，是宇宙、天地对心灵的巨大碰撞而生的情怀。正如石涛所说的那样："山川脱胎于予也，予脱胎于山川也。搜尽奇峰打草稿也，山川与予神遇而迹化也，所以终归之于大涤也。"我与山川融为一体，山川影响了我改造了我，我也影响了山川改造了山川，互相之间神遇而化为一气。我相忘于山川，最终心灵得到净化，变得纯粹。

结契霜雪：以友辅仁

当书房具有坚固的根基和永恒的价值时，志同道合的读书人便会走到一起，激扬文字，品类万物，第三单元"结契霜雪"，便是对"以友辅仁"的诠释。

"奚待结契霜雪里"是乾隆《题三友轩》书房诗中的一句，霜雪洁白指梅花。三友出自《论语》："益者三友，损者三友。友直、友谅、友多闻，益矣。"人生要与三种人即正直、诚信、博学的人做朋友。苏轼《游武昌寒溪西山寺》曰："风泉两部乐，松竹三益友。"乾隆在《题镂玉三友屏风》的注释中称"松竹梅为三友，始自东坡"，从苏东坡始，松竹梅成为文人高洁品德的象征，也是书房的永恒象征。从此松、竹、梅成了三友的象征。松喻直，梅喻谅，竹喻多闻。松，经冬不凋；竹，清高有节；梅，耐寒花开，松竹梅不仅是书房的象征，也是读书人气质和精神的象征。在友直、友谅、友多闻三友中，谅最重要，在松竹梅中，梅最重要，为什么呢？《说文解字》称："谅，信也。"谅为诚信义，梅花象征诚信，有梅报春信之说。梅报春信，是因为梅花一开，春天就来临了。每年梅花都会准时守信开花，这是天的诚信的体现，说明

THE PALACE MUSEUM
EXHIBITORY
【第三单元】
—清·弘历
A Bond
of Companionship
结契霜雪

第三单元：结契霜雪

诚信是天的品德。《中庸》曰:“诚者，天之道也。诚之者，人之道也。”具有谅的人则具有天德,所以要与这样的人结为契友,叫结契霜雪。《诗经》有“生死契阔,与子成说”,读书人要有自己的生死朋友,才能“有朋自远方来，不亦乐乎”“与朋友交而不信乎”。

从此书房有了三友为伴，实际上是体现了读书人自我道德观的确立。

在“结契霜雪”空间里，分成了三个小单元，第一个小单元是再现香雪。香雪建于乾隆三十九年，位于养性殿西耳房。乾隆皇帝酷爱梅花，于室内叠砌宣石，象征雪和梅花，并于壁间装饰松竹梅贴落画，提升了“书房山”的意境。在这个小空间里，我们运用了科技手段，营运了一个亦真亦幻的香雪世界。第二个小单元是有关三友的文物陈设，有明代沈周的《松石图》、王绂的《乔柯竹石图》、陈继儒的《梅花图》以及紫檀木嵌玻璃三友图插屏、青玉葫芦式三友图瓶、青玉三友图笔筒、碧玉三友图树桩形双孔花插等，与香雪相得益彰。

第三个小单元是雅集唱和，孔子说:“以文会友，以友辅仁。”古代文人士大夫往往有彼此相约的传统，常于书房、花园、山林之间畅述幽情，俯仰宇宙，弘扬仁道，通过交流抒发对生命的理解。这种志同道合的聚会，称作“雅集”。历史上有许多著名的文人雅集，这里展示了元代苏州玉山草堂主人顾瑛主持玉山赏石雅集后留下的一块著名的“造云石”，造云出自《水经注》“溪广数丈，中道有两高山夹溪，造云壁立”，石上刻有“造云”二字和众多题刻，它的对面是一件当代艺术品“造云玉山”，作者以兼具传统功力和现代意趣的笔墨为造云石写像，以表达对先贤风流的敬慕之情。

除了造云石，还展出了杨维桢的行书《宴啸傲东轩诗帖》，记述

乾隆香雪原状

亦真亦幻的科幻香雪世界

明代沈周《松石图》

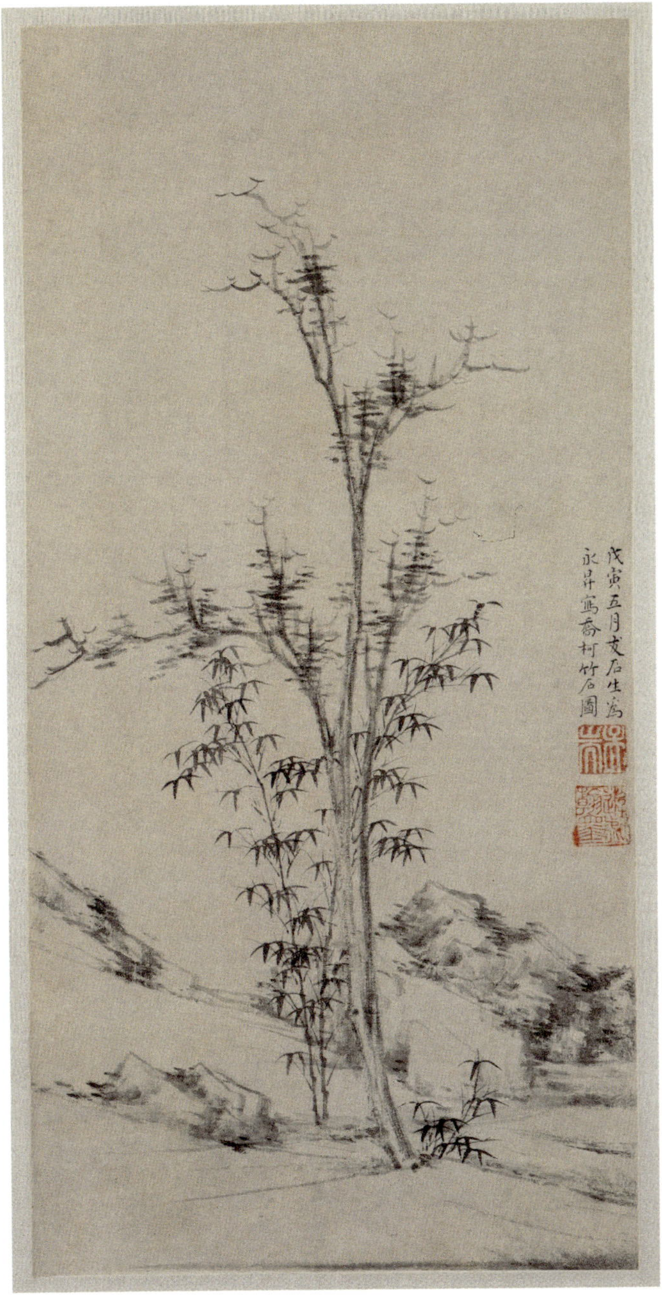

明代王绂《乔柯竹石图》

明代陈继儒《梅花图》

造云石

了受邀于啸傲东轩宴集之事。明人绘制的《西园雅集图》，描绘了那场被南宋人虚构的北宋文坛雅集盛会，有苏东坡、苏辙、李公麟、米芾、黄庭坚、秦观等十六位著名文人，使人浮想联翩，并被其所迷，追慕不已。

在这个雅集空间里，怎么能没有兰亭的曲水流觞呢？我们将展台设计成了流水状，上面陈设有汉代的青铜熊足带盖酒樽、描彩漆鸟纹羽觞、青釉瓷羽觞等，如同兰亭的流水，映带左右，两侧的展柜中陈设有明代沈时画的《兰亭修禊图》、董其昌行书柳公权兰亭诗卷、明拓

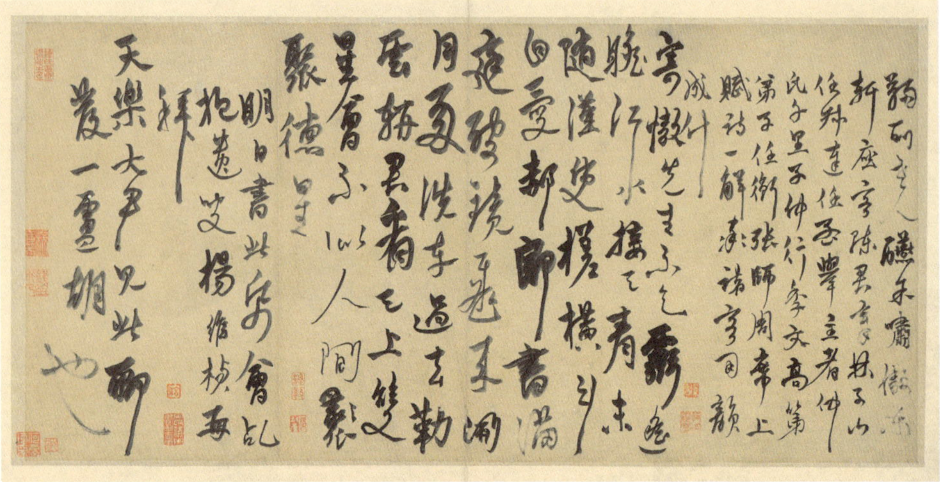

元代杨维桢行书《宴啸傲东轩诗帖》

兰亭序册、紫檀木雕存贮兰亭八柱抽屉插屏等。如水状的展台上还展示有几组当代艺术作品“释水”，天一生水，水利万物而不争，作者将单纯的青花蓝线条组合成对水的想象，将曲水流觞固定在了造型各异的瓷器上，发古人之幽思，实现穿越时空的对话。而这一切的背景是一件当代艺术作品《冯翼惟象》，出自屈原《天问》“冯翼惟象，何以识之”，无形之形，如何能够认识呢？画家笔下的山水是一个个无形

明人绘《西园雅集图》

曲水流觞的展台设计

之象构成的整体，有种从看山是山到看山不是山，再到看山还是山的过程体验和提高，不过被溪水分割的两侧壁立的山峰，似乎又有造云之境。最后一件展陈文物是元代朱致远制琴，与《冯翼惟象》相呼应，一曲高山流水，一条曲水流觞，使书房展余音绕梁，回味无穷。

这个单元的结束部分是当代艺术作品《读图的基因》，作者以各

汉代描彩漆鸟纹耳杯

种符号、表情包等公用标识来翻译古典文学名篇《兰亭集序》，只要观众用手指指向玻璃触摸屏，图案就会翻译成汉字，这种“读图的基因”是否可以追溯到“河洛出图”的时代？文字的起源一定来自图画，当我们触及玻璃屏幕时，是否也在体验古老的交流方式？

“照见天地心：中国书房的意与象”的展陈过程，实际上是在进行一场与古人心与心交流的过程，这个过程中，有小我，有真我，也有大我，总之被书房所照亮，被古代先贤所感动，同时也为当代艺术走近传统，与传统对话而欣慰。古人在营造自己的书房时，也在改造着自己，并赋予书房以能量。我们发现，古人的书房，不仅仅是一个读书的空间，而且还是一个安顿心灵的场所，有松竹梅为伴，有日月星辰相依，既观乎天文，又观乎人文。

当代艺术作品:《冯翼惟象》

书房，文明以止的地方。

温故知新的一次座谈会

展览是一本书，有始有终，有起因，有高潮，有结尾，其间或草蛇灰线，或字字奇观，或起伏跌宕，或柳暗花明，或曲径通幽，好的书总会让你掩卷冥想、回味无穷，使心灵受到一次碰撞，精神为之飞扬，神思为之开朗。展览的三个单元，如同书的三个篇章。该展通过近百件套文物和9件当代艺术家作品的组合展出，令人耳目一新，不仅呈现了中国古代书房的意与象，而且沟通当代，在意与象的书房场景中，体会文化的魅力与力量，唤醒我们的家国情怀和天地情怀，吸引着人们驻足凝视，流连忘返。2022年9月1日展览开幕后，人潮如织，大家对此反响强烈，两度延期。自发撰写的展评在网络间传递，掀起了一波波看展热潮。2023年2月7日，我们举办了“照见天地心——中国书房的意与象展览座谈会”，参会的嘉宾有国家博物馆、国家画院、北京市文物局、北京博物馆学会、北京画院、北京大学、清华大学、中央美术学院等专家学者及参展艺术家、新闻网络媒体代表，与策展团队面对面，就展览的理念、形式、内容、传播、受众等问题开展探讨交流，达到了总结经验、提供借鉴、明确办展方向的目的。兹录代表的发言如下（不署名）[1]：

第一：走进展厅，会让人想到如何营造心灵的书房，会有与古人

1 参见谢菲：《温故知新：照见天地心——中国书房的意与象展览座谈会》，故宫学研究院公众号，2023年2月15日。

在诗文作品中对话的畅想。从博物馆人的角度来讲，以往的展览中，传统和当代大多有各自的表达方式，近些年，出现了一些新的尝试，将古代文物和当代艺术品同时展出。如何在社会变革的背景下，为观众提供更有时代意义的展览，书房展提供了一个切入点，让文物和当代艺术建立联系，让历史与当下建立关联。

第二：今天是传统的延续。中国人将书房的概念扩展为知识传承的象征，以及世界文明的交融之所。用实物、用加入当代艺术的方式进行全景式呈现，展览让观众有了认同感和归属感。传统是河流，今天的创造，会融化为传统的一个部分。建立传统和今天的对话，有助于文化遗产实现创造性转化和创新性发展。

第三：此次展览促使更多的策展人来探讨，要如何处理文物和当代之间的关系。文物价值通过当代艺术作品得以放大，让观众有机会进行更好的解读，而且，探寻传统艺术在今天是否仍有延续性，这始终是很好的课题。

第四：全新的、融入当代的策展尝试，从物质延伸到精神的展示，给观众留下了深刻印象。策展团队打破框架，以文化人，必将吸引更多观众讲好中国故事。

第五："照见天地心"是故宫推动中华优秀传统文化创造性转化和创新性发展的尝试。展览在博物馆界和社会各界引发了强烈反响。作为老博物馆人，希望分享几点看法：首先是展览策划，展览是比较完整的全案设计，体现了故宫策展主体的专业素养，探索了新的跨界合作的模式，实现了策展目的，完成了古代和现代的对话，也实现了多渠道传播，还有文创、纪录片、线上线下互动等方式的存在，成为完整的案例。其次是内容方面，小题材引入大事件，书房是文人的身心安放之所，不大，但具象，展览通过展品的排列组合，通过古今对话模式，展示了中国传统文人“居一隅而心怀天下”的境界，此次在大的古建筑群里展示小小的书房，比较而言，书房是小的，但本身二者之间却有着碰撞，是全新尝试。对博物馆来说，第一类观众为目标观众群，第二类受信息吸引而来，第三类则是偶然来到的，博物馆要服务主要目标观众群，同时启发其他群体的思考，提升文化吸引力，此次展览实现了这样的初衷。要更加关心单元、展品组合之间的逻辑关系，通过展览启迪大家去思考和探究，就像中国现代博物馆创始人张謇先生说的，“办博物馆要开启民智”，尽可能使得希望传递的信息让大家都知晓。

第六：好展览需要打磨，这个展览给了策展团队最大范围的空间，淡化唯文物论，全要素谋创新，就像吴洪亮先生以前说过的，“以科学的态度对待展览的知识生发系统”。美学连古今，今天，要进行知识普及，更要注重美学普及。美是时代的呼唤，更应该是博物馆人严于律己的追求。此次展览，有从“璧星”到“鲁壁”到“五经萃室”的空间美学，有古今艺术创作成果辉映的时间美学，有手书题记等细节设计的形式美学，传递出“书房”的核心是“书”与“人”的展览要义，突出了守住书籍守住文脉的精髓，强化了国人当下应有的责任与担当，助力了城市与公众审美水平的提高。

第七：展览“标题抓人”，让人立刻想到北宋张载的名言“为天地立心，为生民立命，为往圣继绝学，为万世开太平”，这是古往今来文人的最高治学理想。“展览把中国自古以来知识分子和我们安放心灵场所的最内涵的精神揭示出来了”，通过看古代的器物和他们留下的精神，从书房切入，最后折射出策展人的精神高度。

第八：这是一次对中国文化的研究机制的再生发，“很满意，不满足”，展陈和传播度都很好，但希望构建国际语境，在未来让展览能够走向世界。如果将中国文化比作竹子的话，那么引用诗人西川的话就是，要思考“怎么样把竹子种在这个时代”，希望观众朋友们带着问题，带着实证态度到展厅来观展。

第九：12 次筹展会，12 稿，这是跨年的筹备。书房只是小小的一方天地，甚至只是一张书桌，但它隐喻的含义是丰沛的。策展团队从实物的书房，将立意放到至高至远，照见天地心的高度。展览通过三个实体书房的空间，构成三个展览的单元，落到实地，思路明晰，独具匠心。从媒体角度来看布展，这个展照顾到了具有不同审美水平和观展习惯的观众。

第十：当时，编辑部主动集体来看展，回去就决定要报道。看到展览题目，让人联想到“博尔赫斯的图书馆”的概念，含有无限的遐想空间，认为故宫应该是想做一件和过去很不一样的事。最终呈现的文章《一件中国书房的多元宇宙》，阅读量和反馈都很好。对于展览有几件好奇的事：好奇会邀请哪些艺术家，当代艺术的策展方式，国际化的策展语言，以及如何呈现古代文物和当代艺术品的交织。

第十一：此次展品设计遇到了挑战。近距离和古人对话是很好的机会，但能不能对得上，要交给观众去评价。最好的创造是创造关联，只有找到关联，才会产生新的可能，才能从新角度看老问题，如何让自己的作品和故宫关联，能不能成功说明这个关联，是很重要的问题。

第十二：起初对当代艺术品的呈现方式有些担忧，看到效果后消除，认为就整体展览来说，表现的不是书房单一的物理空间，而是浪漫和写意的，引导我们走向文化深处。物品自然呈现，而并非形式上的呈现。对故宫来说，选择最好的文物给大家看，并不困难，但让展厅从物理空间成为写意的状态，才是我国文化中浪漫的所在。要从文物的物象排列，迈向文脉的审美，既保持对传统的尊重，又突破过去样式的束缚，以润物无声的方式来呈现。

第十三：得益于良好的机缘，此次带来的《世界的重屏》，是围绕书房主题立意之后定向创作的。筹备之初，参观过故宫的很多地方，对乾隆帝的世界观有了综合的理解，将思想引入创作中来，让后者得以顺利进行，但工笔技法的应用，要一点点来显影，边画边推理，历时半年完成，时间十分紧张。艺术家存在的意义，是对文脉的传承，添古人之未见。确立意义之后，才是创造性的发挥。这次展览里的古今对话，仿佛是传统的托梦，“照见天地心”的线索为天地人，天地人是纵向的轴线，而如何添上横向的维度，以更宽的视野，替古人看到中国传统与世界文明同时态的全景关系，是当下要解决的问题。这种关系是古人看不到的，今天可以。古今之间，有一个“源图像”的概念，例如展览中的《重屏会棋图》，《是一是二图》，都可以称作“源图像”，以后会不断有人从这些形态中去生发变化，它们是对后人的启发。如果用心去生发，古代的东西能变成未来。另外，在进行创作的时候，要重点考虑作品和展地的关系是否有特殊意义，这种关系会激发观众的现场体验，二者不断彼此碰撞，有所回响。举例来说，《世界的重屏》在午门的展示就十分饱满，作品和故宫的对应物形成内在逻辑的完整反射，古代器物甚至成为如今作品的一个环节。现场有很多让人意外的发现，如画作颜色和藻井的颜色相同，自然产生了延伸感，不远处浑天仪的罩子上留下画的倒影，变成了另一种“是一是二”的关系等等，类似的不断反射，可遇不可求，形成独一无二的展示记忆。

第十四：文化是人类对千万年来的自然现象的分类、研究和梳理，将它们不断概念化和知识化，而艺术的作用则是给分类排列好的人类文化注入过去不存在的客观物。此次展览，在创作作品前，对故宫的书房有了很多了解，对武英殿的刻本做了不少研究，试图去理解古代和当代艺术共同的追求。展品《文字的尊严》引导大家判断当代艺术和古代艺术的距离,而《读图的基因》用符号来表达,制造了陌生氛围。书房的意义不在于书的多少，也不在于空间大小，书房的核心价值在于精神的无限，希望激活更多传统想象，给当代艺术以提示。

第十五：艺术家们的作品实现了从传统向当代的转换，白明先生的《逝水》系列，简约的器型和波动的线条意境悠远，卷轴摆脱了使用功能开始走向纯艺术范畴；唐明修先生的《游方之外》具有强烈的震撼力；徐冰先生的《文字的尊严》《读图的基因》，将现代图示与传统文化做了巧妙对接，对当代观众有很大启发；徐累先生的《世界的重屏》，从工笔走向现代视图；刘丹先生的《冯翼惟象》，在山水中隐含的杂沓奔突的形象，带有很深的隐喻；张永和先生的装置从建筑师的角度表现文化特点。现代艺术的引入，让我们重新审视传统文化。引发对未来的思考。

后记

写这样的一本书，我还是头一次。

起因是译林出版社的年轻编辑们，是他们感动了我。

记得是2023年的冬天，他们主动找到我们研究室，想编辑一套关于故宫的丛书，丛书要求既有学术性，又有趣味性、故事性，大众喜闻乐见，有代入感、体验感。对于这样的丛书，我们也充满了兴趣，安排研究室资料组的同志负责与译林做好沟通，组织作者。通知发下去后，没想到的是响应者不乏其人，有建筑研究专家，有玉器研究专家，还有在故宫画原状宫殿画和做文创设计的年轻人，大大出乎我们的意料。

译林的编辑一再希望我也能够写一本，当时，面对这样的选题，我不知该从何处写起，便一直没有落笔。

不久，译林想出了这套丛书的名字叫“在故宫”，大家都认为这个名字好，有现场感、代入感，这更吸引了大家写作的积极性。

为了这套丛书的出版，译林的这几位年轻小伙伴经常往返于南京和北京之间，他们每次来身上都带着一股气息，一股年轻人身上应有的气息，热情、谦让、诚恳、既敏于事，又善于行。“千里之行，始于足下”，在他们身上得到了完美的演绎。每次我看到他们风尘仆仆地离开研究室的大门时，我在心里为他们点赞。从此，我也不断地联系老专家，多位老师都爽快地答应了，他们在故宫的亲身经历才体现着故宫人的品质和故宫人的学问精神，有他们的加入，“在故宫”这套丛书，定会充满意义。

译林出版社的小伙伴，为了一位作者，为了约好一本书，数次北上，亲自走访，哪怕专家住在远离市区的通州和八达岭，他们也要亲自去拜访，表明诚意。有时在北京的时间安排得满满的，刚与作者谈完书稿，就要匆匆去赶火车，启程回南京工作。

我被这群年轻人的精神所感动，决定下笔写起来，令我惊讶的是，过去经历的事仿佛电影一样在我的眼前呈现，我奇怪于它们都藏在脑海的哪个地方，怎么说来就来了呢？很快我的书稿就完成了，也算是带头交了差。

今夜树喧宿鸟，大地云开，明月星稀，我对书稿又检视了一番，明早可发给译林的小伙伴们了。

祝这套丛书出版发行成功！

王子林

2024 年 8 月 5 日

“在故宫”丛书

玉见故宫：国宝玉器里的中华

徐琳 著

我在故宫画小画儿

陈乐 绘著

万仞宫阙：我在故宫的探索之旅

王子林 著

防患于未“燃”：故宫历史上的火灾与消防

周乾 著

嘉礼大婚：走近清代帝王婚礼（待出，暂定名）

任万平 著

食天下：清代宫廷饮食（待出）

苑洪琪 著

颠沛的国宝：故宫南迁文物寻踪（待出）

徐婉玲 著

从“总统府”到紫禁城（待出）

刘璐 著

故宫藏品中的时令风物（待出，暂定名）

谢菲 著

御药小识（待出）

杨舒佳 著